当代华人经济学家文库

主编/胡必亮　赵建廷

编委/胡必亮　赵建廷
樊　纲　黄有光
林毅夫　张　军
蔡　昉　万广华

当代华人经济学家文库

李周自选集

山西出版传媒集团
山西经济出版社

图书在版编目（CIP）数据

李周自选集 / 李周著 . -- 太原 : 山西经济出版社，2021.1

（当代华人经济学家文库 / 胡必亮，赵建廷主编）

ISBN 978-7-5577-0808-5

Ⅰ . ①李… Ⅱ . ①李… Ⅲ . ①农业经济—文集②资源经济学—环境经济学—文集 Ⅳ . ① F3-53 ② X196-53

中国版本图书馆 CIP 数据核字 (2021) 第 020225 号

李周自选集（Li Zhou Zixuanji）

著　　者：李　周
出 版 人：张宝东
责任编辑：侯铁民
装帧设计：陈　婷

出 版 者：山西出版传媒集团 · 山西经济出版社
地　　址：山西省太原市建设南路 21 号
邮　　编：030012
电　　话：0351 – 4922133（发行中心）
　　　　　0351 – 4922085（总编室）
E – mail：scb@sxjjcb.com（市场部）
　　　　　zbs@sxjjcb.com（总编室）
网　　址：www.sxjjcb.com

经 销 者：山西出版传媒集团 · 山西经济出版社
承 印 者：山西出版传媒集团 · 山西人民印刷有限责任公司

开　　本：787mm × 1092mm　1/16
印　　张：11
字　　数：150 千字
版　　次：2021 年 1 月　第 1 版
印　　次：2021 年 1 月　第 1 次印刷
书　　号：ISBN 978-7-5577-0808-5
定　　价：50.00 元

总序

改革开放以来，中国经济增长、社会转型与政治改革都表现出循序渐进、健康稳步发展的良好势头。工业化、城市化、信息化、全球化等多种力量在同一时期汇聚于中国发展的历史大舞台，为中国的加速发展创造了千载难逢的历史性机遇并直接提供了强劲的动力。中国的和平崛起已经成为新世纪人类历史发展新阶段的重大事件，并引起了全世界的普遍关注。

变革的时代必然产生创新的思想。在中国发生这场伟大的历史性变革过程中，中国大陆经济学家，香港、澳门和台湾经济学家以及旅居海外的华人经济学家共同见证和详细观察了这场具有革命性意义的伟大变迁甚至直接参与其中，根据中国国情并参照国际经验，创立了许多具有重大创新意义的经济学理论。这些经济学理论一方面源于中国改革开放的伟大实践，另一方面也对这一伟大实践起到了重要的理论指导作用。将这些经济学家独立创新的经济学理论梳理清楚，并整理出来，不仅有利于世界经济学界正确认识和理解中国经济学与中国经济学家，也有利于我们从一个侧面深入理解中国在这样一个特殊历史时期的一系列改革开放政策。

20 世纪，山西经济出版社曾出版了一套《中国当代经济学家文丛》，收录了国内 59 位经济学家的选集，在中国经济学界产生了深远的影响。在此基础上，21 世纪拟出版一套《当代华人经济学家文库》，收录全球华人中卓有建树的经济学家的代表作。与其他类似的图书相比，这套文库具有三个主要特点：一是强调理论性，即所选文章必须是理论性论文；二是强调独创性，所选论文要求理论观点鲜明，而且必须具有原创性；三是强调规范性，即所选论文的写作方式必须符合经济学研究的基本规范。

从本文库的编辑形式来看，也具有一定的独特性：首先，每篇作者自选的论文后面都有一篇作者的自述短文或本研究领域学术权威（包括相关研究机构、学术报刊等）的评论文章，对该文的研究背景、创新意义及其学术影响做出实事求是的评论，以帮助读者进一步理解文章的学术价值；其次，不论作者创新的理论观点多寡，文章长短，著作厚薄，只要有五万字以上文字即可成书，重在原创性；最后，除文库主编（创意提出者与设计者）外，文库编委会成员皆由入选作者组成，为保证本文库较高的学术水准，每部候选著作都必须经编委会成员全数通过，方可入选。

经过近30年的改革开放，中国经济已经基本融入全球经济一体化过程之中。相应地，中国经济学与中国经济学家也正逐步走向世界。我们期待着，曾经产生过许多世界上最优秀的古代思想家的中华民族，也将在新的历史时代产生许多世界上最优秀的现代经济学家。

“人事有代谢，往来成古今。江山留胜迹，我辈复登临。”我们希望，这套文库成为当代华人经济学家贡献给历史和后人的一处独特的学术风景，为构建中国经济学繁荣与发展之大厦起到铺路石的作用。

主　编

2006年6月10日

学术小传

李周，1952年9月出生于上海，籍贯湖北黄陂。先后毕业于北京林业大学和中国社会科学院研究生院。1993年获得经济学博士学位。1998~2010年担任中国社会科学院农村发展研究所副所长，2011年至2015年6月担任中国社会科学院农村发展研究所所长。1994年被中国社会科学院批准为有突出贡献的中青年专家，同年享受国务院有特殊贡献专家津贴。2017年被中国社会科学院聘为中国社会科学院"登峰战略"资深学科带头人。

兼任中国生态经济学会常务副理事长、农业部软科学委员会委员、中国社会科学基金评审专家，北京大学经济学院、北京林业大学兼职教授，《经济学(季刊)》《林业科学》《生态学报》《自然资源学报》《生态农业学报》《生态与农村环境学报》等学术杂志编委。

30多年来承接中国社会科学院、国家社会科学基金、自然科学基金和国家部委委托课题数十项，多次担任世界银行、亚洲开发银行等国际组织的项目顾问。

长期从事农业经济和资源环境经济研究。发表论著数百篇，其中英文30余篇。获孙冶方经济科学奖、中国经济理论创新奖、中国社会科学院优秀科研成果二等奖、林业部科技进步二等奖、梁希林业科学技术奖二等奖、中宣部"五个一工程"奖等奖项10多项。并获中国社会科学院对策研究奖一等奖、二等奖多项。

自序

我有幸生活在中国由贫困走向富裕的时代，既体验过祖国处于贫困阶段的艰辛，又目睹了祖国走向富裕的巨变；有幸在改革开放初期获得上大学的机会，使自己有条件在经济学的海洋里博采众长；有幸成为运用经济学知识观察、思考和总结中国改革开放经验的专业研究人员。30多年来，以理论来源于实践的理念为指导，以承接各类课题为依托，以调研各种经济行为为基础，对隐含在经济行为中的理论问题进行分析和总结。在即将退休之际，借《当代华人经济学家文库》丛书主编胡必亮教授约我编撰《自选集》的机会，对自己的研究工作做一个总结，是一件非常有意义的事情。

读大学期间，以为计划经济体制会优于市场经济体制，它的问题会随着计划的方法、工具和信息的完备而逐步得到解决。后来感悟到计划经济体制的本质问题是剥夺了劳动者选择就业机会和自主配置资源的权利，不像市场经济体制下的劳动力有选择岗位和开办企业的自由，迅即改变了看法，开始全身心地关注市场取向的经济转型。

30多年里做了大量的农村调查，从大量的调查信息中形成以下四点看法：

边际分析方法是生产经营者普遍采用的方法。我国农村实行联产承包以来，大多数农户根据单位肥料投在肥力低的地块上增产更多的现象，将肥料更多地投向肥力低的地块上，导致地块间的产量差异趋于缩小，就是生产经营者普遍采用边际分析方法的事实。

人是具有经济理性的。虽然经济行为包罗万象、无所不有，但从个体上看，经济效率损失（资源配置的结果与生产可能性曲线的距离）会随着知识增进、技能提高和经验积累逐渐缩小。这说明人有能力在由自己掌握的知识、技能、经验和信息构成的可行域中将资源配置结果逼近边际最优解，会通过人力资本投资扩大可行域来改善边际最优解。从总体上看，理性经济行为出现的概率要远远大于非理性经济行为出现的概率。这是根据理性经济行为归纳出来的经济学理论具有统计学意义，并能解释越来越多的经济行为的主要原因。

劳动者的能量是通过深化改革一份一份地释放出来的。一个国家的经济转型战略的选择同改革领导人的偏好有很强的相关性。中国改革的第一代领导人曾经是计划经济体制的推动者，他们只想尽快消除计划经济体制的弊端，必然选择着力纠正计划经济体制的偏误而不是迅即放弃计划经济体制的渐进式改革战略。俄罗斯和东欧国家改革的领导人是原有体制的反对者，具有彻底否定原有体制的偏好，这些国家的经济转型必然选择激进式改革战略。这种选择差异对改革绩效的影响具有不确定性。渐进式改革战略比激进式改革战略更有效的主要原因是：人的能量宛如量子力学表明的那样是一份一份地释放出来的。以渐进的改革方式逐步放弃计划经济体制下的管制，为他们一份一份地释放能量创造机会和条件，既可维持稳定与发展的关系，又可达到积小胜为大胜的目标。具体地说，就是通过赋予农户自主配置农业资源的权利、赋予农户在农村选择就业机会的权利和赋予农户选择就业空间的权利，将蕴藏在农民身上的能量一份一份地释放出来。中国农村经济改革具有这种特征，中国城市经济改革也具有类似的特征。

适合自身发展的策略源于本土经验。经济行为既有相似性，又有差异性。这种由历史文化不同和国体政体不同产生的差异，对经济行为施加的影响是不能忽略的。忽视这种差异，简单地套用在其他国家获得成功的经济学理论指导我国经济改革和发展实践一定会出现偏差。中国之所以能够将劳动者的能量一份一份地释放出来，同采用由本土内生出来且被实践证明有效的改革策略密切相关。

按照胡必亮教授、赵建廷先生和李慧平副总编辑约请中的要求，我从自己30多年来涉足的研究领域选择了9篇文章，组成这本论文集。

撰写这些文章的缘由和我在涉足领域的研究心得在每篇文章的自述中有交代,这里就不展开了。

本文集的出版,首先要感谢丛书主编胡必亮、赵建廷和编委会对我的认同;同时要感谢为我的论文集的出版做出无私奉献的李慧平女士和责任编辑侯轶民先生。借此机会,我要感谢中国社会科学院农村发展研究所的同事和农村发展系的学生,多年来对我的研究工作给予的支持和帮助。最后,我要感谢我的妻子和女儿,她们的关爱是我一心做好研究工作的动力所在。

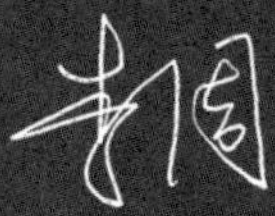

目录

试论社会主义条件下两大部类的关系*

本文试图对下面三个问题进行初步探讨。第一,论证再生产诸条件,推导社会主义条件下的再生产模式;第二,论述社会生产两大部类发展诸形式;第三,剖析“生产资料生产优先增长规律”。在展开分析之前,首先作大家熟知的三点必要的假定,其次以P代替再生产模式中的m。改动理由有二:(1)在社会主义经济中,P(利润)与m(剩余劳动)不存在本质区别,如果不考虑税收等因素,P与m在价值形态上相等,进而P'(利润率)与m'(剩余价值率)可按一定比例转化。(2)在社会主义经济中,m失去原有的含义,P与m相比较,主要研究对象是P而不是m。显然,这一改动可以使理论与实践更趋一致。在政治经济学资本主义部分理论体系中,要说明利润概念,先要阐明剩余价值概念,要说明资本转移与平均利润率形成,先要阐明剩余价值率在资本增殖中的作用。从这个意义上讲,马克思把C、V、m三因素当作研究再生产的起点,表现为历史上与逻辑上的一致。但这决不表明,研究再生产只能使用上述三因素。经济科学要适应由历史发展引起的社会经济性质与内容的变化。为了明确区分两种不同经济结构中的再生产性质,为了使理论研究与社会经济内容相一致,我们认为,在政治经济学社会主义部分理论体系中,用C、V、P不固定P'取代C、V、m固定m'研究再生产,更能反映经济发展的历史进程。改动以后,再生产模式结构为:

商品价值构成:Ⅰ(Ⅱ)$C+V+P$

商品实物构成:Ⅰ(Ⅱ)$C+\Delta C+V+\Delta V+\Delta P$(其中$\Delta P$表示用于社会非生产方面的资产)。

---

* 本文发表于《经济科学》1981年第2期。

一、扩大再生产的条件与模式

社会主义经济的特征是扩大再生产。根据政治经济学再生产原理,扩大再生产的必要条件是:在部类内交换能全部实现的前提下,部类间交换中ΔC_1、ΔC_2、ΔV_1、ΔV_2部分都大于零(下标是部类标志,下同)。马克思指出:“剩余产品中由第Ⅰ部类自己当作不变资本来用的部分,要由可变资本来推动。……追加的可变资本也是由劳动力构成。”[①]同理,由第Ⅰ部类提供当作第Ⅱ部类追加不变资本来用的部分,也必须由追加可变资本来推动。这就是上述四因素都要大于零的根据。扩大再生产的充分条件是,在部类内交换能全部实现的前提下,各部类都能为对方扩大再生产提供追加生产资料或生活资料。即部类间交换在价值形态上满足于:$V_1+\Delta V_1+\Delta P_1>C_2$和$C_2+\Delta C_2>V_1+\Delta P_1$。扩大再生产充分和必要条件是,在部类内交换能全部实现的前提下,部类间交换全部实现。即部类间交换在价值形态上满足于:$V_1+\Delta V_1+\Delta P_1=C_2+\Delta C_2$。综上所述,必要条件把扩大再生产与简单再生产截然分开,但不能保证两大部类都能扩大再生产;充分条件能保证两大部类扩大再生产,但不能反映各部类资金积压情况;充分必要条件克服了必要条件与充分条件的不足之处,是两大部类扩大再生产条件下保持动态平衡的显著标志,是社会主义经济工作的目标。

人们习惯于把不等式$V_1+P_1>C_2$当作扩大再生产基本公式或区分扩大再生产与简单再生产的标志。我们认为,这种认识缺乏科学的严谨性:(1)不等式$V_1+P_1>C_2$不能反映扩大再生产与简单再生产的本质区别。在两大部类都扩大再生产的条件下,P_1在实物形态上划分为生产生产资料的生产资料(ΔC_1)和生产消费资料的生产资料($\Delta V_1+\Delta P_1$)两部分。因为第Ⅰ部类已经把它们的剩余价值一部分合并到它们自己的生产资本中去,并将其中的一部分转化为不变资本,所以它们不能同

① 马克思:《资本论》第2卷,人民出版社,1964,第573页。

时又用第Ⅱ部类的消费资料来替换这一部分。①这就是说，扩大再生产条件下部类间交换，第Ⅰ部类要减去ΔC_1部分，第Ⅱ部类要增加ΔC_2部分。所以扩大再生产基本公式应是$V_1+\Delta V_1+\Delta P_1=C_2+\Delta C_2$，而不应该是$V_1+P_1>C_2$。因为从逻辑上讲，不等式$V_1+P_1>C_2$成立，不蕴含不等式$V_1+\Delta V_1+\Delta P_1>C_2$成立（或者说不等式$V_1+\Delta V_1+\Delta P_1>C_2$在不等式$V_1+P_1>C_2$中不周延），如果后一个不等式不成立，$C_2$部分在价值或实物形态上就不能全部得到补偿，就会妨碍第Ⅱ部类维持简单再生产，更谈不上扩大再生产，因为第一个不等式包含第Ⅱ部类不能进行扩大再生产的可能性和现实性，它没有反映扩大再生产与简单再生产本质区别的症结所在；因此，笼统地把前一个不等式当作扩大再生产的基本公式和标志是不科学的、欠妥帖的。（2）不等式$V_1+P_1>C_2$没有反映扩大再生产与简单再生产的内在联系。两种再生产的区别表现为：扩大再生产基本公式$V_1+\Delta V_1+\Delta P_1=C_2+\Delta C_2$反映生产规模增大状况下两部类的动态平衡；简单再生产基本公式$V_1+P_1=C_2$反映生产规模不变状况下两部类的静态平衡。但它们都表示部类间交换全部实现。它们还表示简单再生产是当追加资金均为零时扩大再生产的特例，即简单再生产是扩大再生产的基础。显然，不等式$V_1+P_1>C_2$是不能清晰地说明这些问题的。（3）用等式研究简单再生产，用不等式研究扩大再生产，既混淆了两种再生产的区别，又抹杀了两种再生产的联系，更严重的是易造成思维逻辑上的混乱。即前者能平衡，后者不能平衡。

上面我们论证了扩大再生产的条件，指出了不等式$V_1+P_1>C_2$的严重缺陷。现在，我们根据C、V、P之间的关系，通过必要的变形，推导出社会主义条件下的再生产模式。令两大部类有机构成分别为a_1、a_2，利润率分别为b_1、b_2；那么，再生产模式可改写为：

$$a_1V_1+V_1+(a_1V_1+V_1)b_1$$

$$a_2V_2+V_2+(a_2V_2+V_2)b_2$$

我们知道，如果资本有机构成不发生变动，那么积累资金在部类

① 马克思：《资本论》第2卷，人民出版社，1964，第573页。

内的分配比例也不发生变动。但是,随着社会生产力水平愈益提高,各部类有机构成都必定逐渐提高。由于年初确定了积累率以后,积累资金就是一个定量,所以提高有机构成的唯一方法就是改变积累资金在部类内的分配比例。令各部类年初确定的积累率分别为d_1、d_2,在积累资金内影响有机构成提高的增量分别为β_1、β_2,那么积累资金在部类内的分配比例必定呈如下状况:

$\Delta C_1=a_1V_1b_1d_1+\beta_1$,　　　$\Delta V_1=V_1b_1d_1-\beta_1$;

$\Delta C_2=a_2V_2b_2d_2+\beta_2$,　　　$\Delta V_2=V_2b_2d_2-\beta_2$。

现在我们就可以推导出扩大再生产第一个模式。第i年底商品价值构成为:

$a_1^{(i)}V_1^{(i)}+V_1^{(i)}+(a_1^{(i)}V_1^{(i)}+V_1^{(i)})b_1^{(i)}$

$a_2^{(i)}V_2^{(i)}+V_2^{(i)}+(a_2^{(i)}V_2^{(i)}+V_2^{(i)})b_2^{(i)}$

其中,$V_1^{(i)}=V_1^{(i-1)}+\Delta V_1^{(i-1)}=V_1^{(i-1)}+V_1^{(i-1)}b_1^{(i-1)}d_1^{(i-1)}-\beta_1^{(i-1)}$

$V_2^{(i)}=V_2^{(i-1)}+\Delta V_2^{(i-1)}=V_2^{(i-1)}+V_2^{(i-1)}b_2^{(i-1)}d_2^{(i-1)}-\beta_2^{(i-1)}$

$$a_1^{(i)}=\frac{a_1^{(i-1)}V_1^{(i-1)}+a_1^{(i-1)}V_1^{(i-1)}b_1^{(i-1)}d_1^{(i-1)}+\beta_1^{(i-1)}}{V_1^{(i-1)}+V_1^{(i-1)}b_1^{(i-1)}d_1^{(i-1)}-\beta_1^{(i-1)}}$$

$$a_2^{(i)}=\frac{a_2^{(i-1)}V_2^{(i-1)}+a_2^{(i-1)}V_2^{(i-1)}b_2^{(i-1)}d_2^{(i-1)}+\beta_2^{(i-1)}}{V_2^{(i-1)}+V_2^{(i-1)}b_2^{(i-1)}d_2^{(i-1)}-\beta_2^{(i-1)}}$$

第i年底商品实物构成为:

$a_1^{(i)}V_1^{(i)}+a_1^{(i)}V_1^{(i)}b_1^{(i)}d_1^{(i)}+\beta_1^{(i)}+V_1^{(i)}+V_1^{(i)}b_1^{(i)}d_1^{(i)}-\beta_1^{(i)}+(a_1^{(i)}V_1^{(i)}+V_1^{(i)})b_1^{(i)}(1-d_1^{(i)})$

$a_2^{(i)}V_2^{(i)}+a_2^{(i)}V_2^{(i)}b_2^{(i)}d_2^{(i)}+\beta_2^{(i)}+V_2^{(i)}+V_2^{(i)}b_2^{(i)}d_2^{(i)}-\beta_2^{(i)}+(a_2^{(i)}V_2^{(i)}+V_2^{(i)})b_2^{(i)}(1-d_2^{(i)})$

说明:上标为年份标记,$i=1,2,\cdots,n$,下同。式中字母都为变量。

这个模式清晰地表明,扩大再生产如何在基年基础上逐年发展。这个模式可用数学归纳法推导,限于篇幅故省略。

社会化大生产客观上都要求两大部类保持动态平衡或三大支点交换全部实现。但是,只有在社会主义条件下,才有可能做到两大部类保持动态平衡或三大支点交换全部实现。这是由社会主义经济制度优越性所决定的。在社会主义经济中,这种平衡又不会自发形成,必须通过遵循客观经济规律的计划工作去实现。现在我们只给出扩大再生产条件下部类之间平衡模式。关于各部类内部平衡模式实际上是部类之间平衡模式的推广和延伸。如果把部类间平衡模式理解为部类内两个相关部门之间的平衡模式,那么就可以把部类内平衡模式看成一个含有多元素多参数多方程组成的模式。这个问题应作专题论述,为了不喧宾夺主,这里只能挂一漏万。部类之间平衡模式是由扩大再生产基本公式变形而成的一个截距式方程。

$d_1^{(i)}=A^{(i)}d_2^{(i)}+\beta^{(i)} \qquad 0<d_1^{(i)}\leqslant 1,\ 0<d_2^{(i)}\leqslant 1$

模式推导过程如下:

$\because V_1^{(i)}+V_1^{(i)}b_1^{(i)}d_1^{(i)}-\beta_1^{(i)}+(a_1^{(i)}V_1^{(i)}+V_1^{(i)})b_1^{(i)}(1-d_1^{(i)})=a_2^{(i)}V_2^{(i)}+a_2^{(i)}V_2b_2^{(i)}d_2^{(i)}+\beta_2^{(i)}$

$$\therefore d_1^{(i)}=-\frac{a_2^{(i)}V_2^{(i)}b_2^{(i)}}{a_1^{(i)}V_1^{(i)}b_1^{(i)}}d_2^{(i)}+\frac{(1+b_1^{(i)}+a_1^{(i)}b_1^{(i)})V_1^{(i)}-a_2^{(i)}V_2^{(i)}-\beta_1^{(i)}-\beta_2^{(i)}}{a_1^{(i)}V_1^{(i)}b_1^{(i)}}$$

令$A^{(i)}=-\dfrac{a_2^{(i)}V_2^{(i)}b_2^{(i)}}{a_1^{(i)}V_1^{(i)}b_1^{(i)}}$

$$\therefore B^{(i)}=\frac{(1+b_1^{(i)}+a_1^{(i)}b_1^{(i)})V_1^{(i)}-a_2^{(i)}V_2^{(i)}-\beta_1^{(i)}-\beta_2^{(i)}}{a_1^{(i)}V_1^{(i)}b_1^{(i)}}$$

这个模式表明,在第i年初安排国民经济计划时,可以根据已知数据C、V两部分,预测各部类利润率和为提高第$i+1$年有机构成所需增量b、β两部分,通过技术经济论证,确定两大部类协调发展的一组最优积累率。然后安排各部类商品结构。从理论上讲,满足两部类协调发展的积累率有n组,其中必存在一组最优积累率,寻找最优积累率是经济工作要解决的重大课题。现代科学技术则为解决这个寻优问题开辟了广阔的途径。

二、两大部类发展速度各种表现形式

列宁在《论所谓市场问题》一文中,对马克思的社会再生产公式作了进一步阐发,并且用假定算式证明:“增长得最快的是制造生产资料的生产资料生产,其次是制造消费资料的生产资料生产,最慢的是消费资料生产。”我们认为，列宁所论证的只是扩大再生产诸形式中的一种，列宁根据这种形式进行推理，导出生产资料生产优先增长的结论。但是，从理论上讲，存在于同一个对立统一体中的社会生产两大部类，它们的关系不可能一成不变，它们的运动方式不会局限于列宁所论证的这一形式。从实践中看，再生产运动也不是始终按照列宁的结论进行的。再生产有哪几种表现形式呢？经过探索，我们认为，在协调发展的扩大再生产前提下，由于利润率与积累率的不同组合，两大部类发展速度将呈下列四种情况。

1.如果两大部类利润率、积累率都一致，两大部类发展速度是相一致的。

假设计算见下表：

年份	类别	项目										
		$C+V+P$	C	V	b（%）	d（%）	ΔC	ΔV	α	β	$C+V+P$ 环比发展速度（%）	α 环比发展速度（%）
1	Ⅰ	6000	4000	1000	20	40	360	40	4.0000	40	–	–
	Ⅱ	2700	1500	750	20	40	140	40	2.0000	20	–	–
2	Ⅰ	6480	4360	1040	20	35	344	34	4.1923	39	108.00	104.81
	Ⅱ	2916	1640	790	20	35	136	34	2.0759	21	108.00	103.80
3	Ⅰ	6934	4704	1074	20	30	322	25	4.3799	40	107.00	104.47
	Ⅱ	3120	1776	824	20	30	132	24	2.1551	25	107.00	103.82
4	Ⅰ	7350	5026	1099	20	–	–	–	4.5746	–	106.00	104.45
	Ⅱ	3307	1908	849	20	–	–	–	2.2482	–	106.00	104.32

2.如果两大部类利润率一致，积累率不一致，积累率大的那个部类发展速度快。

假设计算见下面两个表：

年份	类别	项目										
		$C+V+P$	C	V	ΔC	ΔV	b（%）	d（%）	α	β	$C+V+P$ 环比发展速度（%）	α 环比发展速度（%）
1	Ⅰ	6000	4000	1000	364	36	20	40	4.0000	44	–	–
	Ⅱ	2700	1500	750	136	35	20	38	2.0000	22	–	–
2	Ⅰ	6480	4364	1036	350	28	20	35	4.2124	45	108.00	105.31
	Ⅱ	2905	1636	785	130	25	20	32	2.0841	25	107.59	104.21
3	Ⅰ	6934	4714	1064	328	19	20	30	4.4305	45	107.01	105.18
	Ⅱ	3091	1766	810	126	18	20	28	2.1802	27	106.40	104.61
4	Ⅰ	7350	5042	1083	–	–	20	–	4.6556	–	106.00	105.08
	Ⅱ	3264	1892	828	–	–	20	–	2.2850	–	105.00	104.81

年份	类别	项目										
		$C+V+P$	C	V	ΔC	ΔV	b（%）	d（%）	α	β	$C+V+P$ 环比发展速度（%）	α 环比发展速度（%）
1	Ⅰ	6000	4000	1000	355	45	20	40	4.0000	35	–	–
	Ⅱ	2700	1500	750	145	44	20	42	2.0000	19	–	–
2	Ⅰ	6480	4355	1045	336	42	20	35	4.1675	31	108.00	104.19
	Ⅱ	2927	1645	794	144	41	20	38	2.0718	18	108.41	103.59
3	Ⅰ	6934	4691	1087	319	28	20	30	4.3155	37	107.01	103.55
	Ⅱ	3149	1789	835	135	36	20	33	2.1425	20	107.58	103.41
4	Ⅰ	7350	5010	1115	–	–	20	–	4.4933	–	106.00	104.12
	Ⅱ	3350	1924	868	–	–	20	–	2.2166	–	106.38	103.46

3.如果两大部类利润率不一致，积累率一致，利润率大的那个部类发展速度快。

假设计算见下面两个表：

年份	类别	项目										
		C+V+P	C	V	ΔC	ΔV	b（%）	d（%）	α	β	C+V+P环比发展速度（%）	α环比发展速度（%）
1	Ⅰ	6100	4000	1000	432	8	22	40	4.0000	102	–	–
	Ⅱ	2700	1500	750	168	12	20	40	2.0000	48	–	–
2	Ⅰ	6637	4432	1008	395	24	22	35	4.3968	54	108.80	109.92
	Ⅱ	2916	1668	762	142	28	20	35	2.1890	25	108.00	109.45
3	Ⅰ	7148	4827	1032	373	14	22	30	4.6773	54	107.70	106.38
	Ⅱ	3120	1810	790	138	18	20	30	2.2911	28	107.00	104.66
4	Ⅰ	7620	5200	1046	–	–	22	–	4.9713	–	106.60	106.29
	Ⅱ	3307	1948	808	–	–	20	–	2.4109	–	105.99	105.23

年份	类别	项目										
		C+V+P	C	V	ΔC	ΔV	b（%）	d（%）	α	β	C+V+P环比发展速度（%）	α环比发展速度（%）
1	Ⅰ	6000	4000	1000	350	50	20	40	4.0000	30	–	–
	Ⅱ	2745	1500	750	150	48	22	40	2.0000	18	–	–
2	Ⅰ	6480	4350	1050	335	43	20	35	4.1429	30	108.00	103.57
	Ⅱ	2987	1650	798	145	44	22	35	2.0677	18	108.82	103.39
3	Ⅰ	6934	4685	1093	315	32	20	30	4.2864	32	107.01	103.46
	Ⅱ	3217	1795	842	139	35	22	30	2.1318	21	107.70	103.10
4	Ⅰ	7350	5000	1125	–	–	20	–	4.4444	–	106.00	103.69
	Ⅱ	3429	1934	877	–	–	22	–	2.2052	–	106.59	103.44

4.如果两大部类利润率和积累率都不一致，一般说来，积累资金与原生产资金之比大的那个部类发展速度快。

假设计算见下面两个表（利润率为剩余价值率=100%换算）：

年份	类别	项目										
		$C+V+P$	C	V	ΔC	ΔV	b（%）	d（%）	α	β	$C+V+P$ 环比发展速度（%）	α环比发展速度（%）
1	Ⅰ	6000	4000	1000	390	60	20.00	45	4.0000	30	–	–
	Ⅱ	3000	1500	750	110	40	33.33	20	2.0000	10	–	–
2	Ⅰ	6510	4390	1060	384	40	19.45	40	4.1415	42	108.50	103.54
	Ⅱ	3190	1610	790	126	32	32.92	20	2.0380	20	106.33	101.90
3	Ⅰ	6934	4774	1100	341	44	18.73	35	4.3400	28	107.13	104.79
	Ⅱ	3380	1736	822	123	41	32.13	20	2.1119	12	105.96	103.63
4	Ⅰ	7403	5115	1144	–	–	18.28	–	4.4712	–	106.15	103.02
	Ⅱ	3585	1859	853	–	–	31.70	–	2.1541	–	106.07	102.00

年份	类别	项目										
		$C+V+P$	C	V	ΔC	ΔV	b（%）	d（%）	α	β	$C+V+P$ 环比发展速度（%）	α 环比发展速度（%）
1	Ⅰ	6000	4000	1000	340	60	20.00	40	4.0000	20	–	–
	Ⅱ	3000	1500	750	160	65	33.33	30	2.0000	10	–	–
2	Ⅰ	6460	4340	1060	315	56	19.63	35	4.0943	16	107.67	102.36
	Ⅱ	3290	1660	815	145	59	32.94	25	2.0368	8	109.67	101.84
3	Ⅰ	6887	4655	1116	297	38	19.30	30	4.1711	27	106.61	101.88
	Ⅱ	3553	1805	874	130	45	32.62	20	2.0652	12	107.99	101.39
4	Ⅰ	7260	4952	1154	–	–	18.90	–	4.2912	–	105.42	102.88
	Ⅱ	3773	1935	919	–	–	32.20	–	2.1055	–	106.19	101.95

上面的全部假设计算中有一个共同的假定条件，即假定两大部类有机构成逐年增长，但第Ⅰ部类有机构成增长速度都快于第Ⅱ部类。由于本文要论证两大部类有机构成提高和第Ⅰ部类有机构成提高得比第Ⅱ部类快与第Ⅰ部类优先增长没有必然的联系，所以上述假定是必要的。通过假设计算可以看出：(1)各部类的发展速度并不是完全由各部类有机构成提高速度所决定的。从假设计算中可以看出，在有机构成提高和第Ⅰ部类有机构成提高得比第Ⅱ部类快的条件下，第Ⅰ部

类可以表现为优先增长，也可以表现为不优先增长。这就从理论上否定了技术进步必然导致第Ⅰ部类优先增长的结论。(2)两大部类协调发展的过程是第Ⅰ部类发展速度快于或慢于第Ⅱ部类发展速度交替出现的过程。从假设计算中可以看出，各部类都不能持久地保持快于另一部类的发展速度。这就从另一个角度说明，要持久地协调地扩大再生产，第Ⅰ部类发展速度较之第Ⅱ部类的发展速度只能或快或慢地交替出现。所以，不能用第Ⅱ部类不能持久地保持快于第Ⅰ部类的发展速度来反证生产资料生产优先增长规律。(3)一般说来，各部类发展速度快慢取决于积累资金量与原生产资金量比值的大小。有些人之所以能用一些假设计算论证出生产资料生产优先增长规律，其原因在于他们假设了一个能保证第Ⅰ部类优先增长的假定条件。如果这一条件是经济发展过程唯一能够出现的条件，那倒确实是理论上的高度概括。但遗憾的是，这一假定条件并不是经济发展过程中唯一能出现的条件，并不能反映社会经济发展的一般进程。所以，我们认为，在这种假定条件下得出的结论是值得商榷的。综上所述，两大部类发展速度的快慢，一般说来，取决于积累资金与原生产资金之比的大小；扩大再生产正常进行，取决于三大支点交换全部实现，同某一部类必然优先发展没有必然的联系。

要使理论与实践相一致，应对文章开始三点必要但不确切的假定进行舍象。(1)商品价格与价值总要发生背离。从理论上讲，解决这个问题，可先求出背离系数，利用背离系数消除价格与价值之间的误差，然后用调整过的C、V、P研究再生产。(2)不变资金价值不会一年内全部转移到商品价值中。从理论上讲，解决这个问题，可先求出各部类不变资金转移年限，利用转移年限计算各部类年补偿基金量。假定转移年限分别为n_1、n_2年，那么部类间交换在价值形态上就应满足于：$V_1+\Delta V_1+\Delta P_1=C_2/n_2+\Delta C_2$。(3)研究再生产不能不考虑对外贸易。从理论上讲，解决这个问题要从两个方面着手。由于部类内部交换是需作专题论述的问题，所以，这里仅从一个方面着手，只把部类间交换推广到国际上，不考虑国际上的部类内交换问题。这样有利于简化问题、说明问题。现令贸易额分别为E_1、E_2[E由E_P(生产资料)与E_C(消费资料)组成]。如果第Ⅰ部类在国际贸易中,用它生产的一部分生产资料换回一部分消费资料,那么这部分生产资料不再同国内第Ⅱ部类发生交换,同样,第Ⅱ部类在国际贸易中,用它生产的一部分消费资料换回一部分生产资料,这部分消费资料也不再同国内第Ⅰ部类发生交换。这样国内部类间交换在价值形态上就应满足于:$V_1+\Delta V_1+\Delta P-E_{C_1}=C_2/n_2+\Delta C_2-E_{P_2}$。舍象了三点不确切假定,可以使理论研究臻于完善。我们可以在新的基础上研究再生产,限于篇幅,就不详细地展开分析了。

三、关于生产资料生产优先增长规律问题

前面,我们根据马克思主义再生产原理,借助数学方法,推导出社会主义条件下再生产的模式,继而分析了利润率、积累率与发展速度的关系。现在,针对生产资料生产优先增长规律问题,谈谈我们的肤浅之见。生产资料生产优先增长规律的内涵是,在社会生产两大部类中,第Ⅰ部类发展速度快于第Ⅱ部类具有客观必然性。如果社会主义经济运动中存在生产资料生产优先增长规律,那么必定有第Ⅰ部类每个环比发展速度都大于第Ⅱ部类环比发展速度。一般说来,第Ⅰ部类商品总价值量大于第Ⅱ部类商品总价值量,所以第Ⅰ部类环比发展速度都大于第Ⅱ部类就表现为,在绝对数和相对数两个方面,第Ⅰ部类年商品价值增量的绝对数和相对数都大于第Ⅱ部类年商品价值增量。令各部类商品价值总量分别为K_1、K_2,就可以写出生产资料生产优先增长规律的数学语言:

$$\frac{K_1^{(1)}}{K_2^1}<\frac{K_1^{(2)}}{K_2^2}<\frac{K_1^{(3)}}{K_2^3}<\cdots<\frac{K_1^{(n)}}{K_2^n}$$

这个模式说明,如果生产资料生产优先增长规律成立,第Ⅰ部类与第Ⅱ部类商品总价值量的比值将逐年增长,没有极限。也就是说,生产资料生产在社会生产中的比重将越来越大,消费资料生产在社会生产中的比重将越来越小,或者说成是随着历史推移,生产一单位价值

的消费资料将需要越来越多的生产资料做保证。显然,生产资料生产优先增长规律所包含的这些内容既没有科学根据,也不符合社会生产两大部类必须协调发展的基本原理。其实,在两大部类有机构成都逐渐提高的状况下扩大再生产,并且做到三大支点交换全部实现,那就无法保持某一部类一直优先发展。关于这一点,可以利用定量分析给予说明。

有些同志认为,应该把生产资料生产优先增长规律看作生产资料优先增长趋势。其实两种理解只有量上的差异,它们的差异表现在实现所包含的共同内容的速度的快慢上。前者表现为第Ⅰ部类与第Ⅱ部类商品总价值的比值逐年增大,后者表现为逐期增大,共同之点是比值没有极限。

社会主义经济运动是否按照生产资料生产优先增长规律或趋势循序渐进的呢?第Ⅰ部类生产在社会生产中的比重会不会越来越大呢?生产一单位价值消费资料会不会随着历史的发展,需要越来越多单位价值的生产资料做保证呢?我们的回答是否定的。我们认为,生产资料生产在一定时期内优先增长是有历史原因的。就我国情况来说,新中国成立初期,生产资料生产占社会生产比重很小,极不适应整个社会生产的协调发展,在这个条件下强调生产资料生产优先增长,实质上就是遵循按比例发展规律,调整国民经济结构和比例,因此,不能把这一时期国民经济高速度发展归于按生产资料生产优先增长规律办事,更不能由此论证生产资料生产优先增长具有客观必然性。总之,无论哪一部类增长得快一些,都要有条件,由于条件不会一成不变,因此不可能存在某一部类优先增长的客观必然性。

两大部类扩大再生产是互为条件、互相影响、互相制约的。它们之间的逻辑关系是:第Ⅱ部类依据社会主义基本经济规律和本部类实际情况确定其发展速度和商品结构,并且对第Ⅰ部类发展方向提出具体要求;第Ⅰ部类依据第Ⅱ部类提出的要求和本部类实际情况确定其发展速度和商品结构,以满足于第Ⅱ部类扩大再生产的需要,同时制约着第Ⅱ部类的发展规模。不言而喻,如果第Ⅱ部类没有追加生产资料的要求,第Ⅰ部类是不可能独自地扩大再生产的,即使有也是极不正常的经济现象。同样,没有第Ⅰ部类提供追加的生产资料做保证,第Ⅱ部类也是不可能独立地扩大再生产的,即使有也是极不正常的经济现象。这种逻辑关系表明:(1)本源的第Ⅱ部类是社会主义生产的目的,派生的第Ⅰ部类是达到目的必不可少的条件。(2)第Ⅰ部类发展速度必须与第Ⅱ部类发展速度相适应。第Ⅰ部类发展速度较之第Ⅱ部类快或慢则取决于第Ⅱ部类对第Ⅰ部类的要求,而不是相反。(3)在社会再生产中,第Ⅰ部类扩大再生产是第Ⅱ部类扩大再生产的保证条件。以上三层意思同生产资料生产优先增长都不发生必然的联系,所以不能把同第Ⅱ部类发展相适应的必不可少的保证条件与生产资料生产优先增长画等号,不能由此得出生产资料生产优先增长规律的结论。

自述之一

《试论社会主义条件下两大部类的关系》是我在大学期间撰写的一篇论文，也是我撰写的第一篇论文。文章发表在北京大学经济系主办的《经济科学》1981年第2期上。

学习政治经济学这门课时，我对老师讲授的生产资料生产优先增长规律持有异议。理由是：如果生产资料生产的增长总是快于消费资料生产的增长，那么生产资料的产值占社会总产值的份额就会越来越大，两大部类的关系就一定会失衡。这种状况的另一种表达就是生产单位消费资料所需的生产资料会随着时间推移变得越来越多，这显然是不可思议的事情。更令人困惑的是，这一结论不符合发达国家的经济结构已经以第三次产业为主的实际情况。

当时的想法是：既然生产资料生产优先增长规律是建立在演算基础上的，那么就应该把消费资料生产增长更快、消费资料与生产资料生产增长一样快等其他状态也演算出来，由此得出生产资料生产优先增长不具有唯一性的结论。我的演算结果表明，生产资料生产可以增长得更快，消费资料生产也可以增长得更快，所不同的是，资本有机构成变动的快慢不一。由此表明，生产资料生产增长得更快，是同资本有机构成变动更快相联系的。

针对演算方法的局限性，大学毕业后我利用所学的计算机知识编了一个程序，就生产资料生产增长快于消费资料生产的状况能否持续保持下去进行模拟。程序设计的基本假设是：生产资料生产必须快于消费资料生产，为了使这种状况尽可能长地维持下去，生产资料生产只要略快于消费资料生产即可。结果发现：保持这一状态所需叠加的次数一年比一年多，最多能够维持22年。这篇文章发表在中国社会科学院主办的《中国社会科学》副刊《未定稿》1983年第11期上。

生产资料生产优先增长这个命题肯定是根据观察到的经济现象概括出来的，决不是凭空想象出来的。生产资料生产优先增长究竟是哪个经济发展阶段特有的现象呢？在工业化之前，人类的经济活动以生产消费资料为主，生产资料生产即便在那个阶段增长更快，也会因为其占社会总生产的份额太小而难以被人们识别出来。在工业化阶段，生产资料生产迅猛增长，其占社会总生产的份额快速增大成为显而易见的现象。工业化完成后，第三次产业迅猛发展，生产资料生产占社会总生产的份额趋于下降，至少不再继续增大。如果说经济发展的过程是产业结构不断高度化的过程，那么生产资料生产增长更快是产业结构高度化第一阶段的现象，这种现象会随着产业结构高度化第二阶段的到来而消失。把经济发展特定阶段的现象称之为规律显然是不适宜的。这篇短文发表在《经济研究》1987年第7期上。

经济规律是从经济现象中抽象出来的，但不能直接把经济现象等同于经济规律。正如水往低处流这样一种自然现象不是规律，而是万有引力作用下的表现形式一样，生产资料生产增长更快也不是规律，而是产业高度化在特定时期的表现形式。规律与现象有质的差异，倘若规律等同于现象，科学研究都成为多余了。

这项研究对我的启示是：不要把观察到的经济现象等同于经济规律，更不要轻言自己发现了经济规律，而要深究这种经济现象从哪里来，到哪里去，把它们的不同表现形式的作用机理归纳出来，进而在敬畏经济规律的前提下，把真正需要解决的经济问题处理好。

龙泉码价合理内核初探*

一、龙泉码价表的合理内核

木材市场上应用的木材计价方法，不但要计量准确，而且要简便易行。龙泉码价①表的创立者根据这个原则，以及由很多根不同规格的杉原条表现出来的杉木生长规律和木材交易的一般规律，把不同规格的杉原条分成14个码级、121个码别，规定了各码级杉原条的码两递增值和各码别的眉高围、标准材长和码两值。

从实物形态上讲，决定杉原条价格的因素有径级、形数(尖削度)、材长、材积和材质。为什么龙泉码价的创立者从众多的定价因子中选择了眉高围和标准材长这两个因素？他们如何把这两个因素同码两联系起来，这显然是一个值得研究的问题。

首先分析眉高围。在龙泉码价中，眉高围是特指距杉原条大头端或“巴皮眼”(扎排时在木材根部挖的洞)五滩尺三寸(约1.7米)处的围径。它类似于活立木的胸高直径，可以作为确定杉原条径级的指标。眉高围的位置是固定的，中央围径的位置是变化的，所以测量眉高围获得杉原条的径级指标要比测量中央围径简便。杉原条几乎都不是正圆的，特定位置上的直径不是唯一的，而围径是唯一的，所以测量围径有利于消除争议。将眉高围定在距杉原条大头端五滩尺三寸处，也是为了便于操作。丈量木材长度使用的是长五滩尺的仗竿。倘若将眉高围规定在五滩尺处，丈量围径时就要挪动仗竿，既不方便又易造成误差，远不如不动仗竿，在稍上一点(三寸)的地方量围方便、准确。

---

* 本文发表于《林业经济通讯》1985年第2期。

① 我国著名林学家陈嵘所著的《造林学各论》1950年版称“龙泉码价为木行所规定的码价，首创自浙江省丽水地区的龙泉县”。1953年《造林学各论》再版时，陈嵘先生认为龙泉码价系江西省龙泉县所创。

其次分析标准材长。在龙泉码价中，标准材长是指各种眉高围的杉原条应该达到的长度。它实际上是衡量杉原条是否“合格”的一个判别标准。杉原条能否达到标准材长与它的形数（尖削度）有关，所以龙泉码价通过标准材长把形数对价格的影响考虑进去了。龙泉码价规定的标准材长是否合理呢？笔者有一个由287根各种规模的杉原条组成、各码别的杉原条服从均匀分布的样本。这个样本中材长不符合龙泉码价规定的标准材长的杉原条只有28根，占该样本总体的10%。由此可见，龙泉码价规定的标准材长，基本上反映了杉木生长发育的一般规律。

再次分析码两。有些林学家认为由眉高围和标准材长这两个因子决定的码两是杉原条的材积。笔者认为这个观点值得商榷。材积是决定杉原条价格的主要因子。龙泉码价作为一种计算杉原条价格的方法，它理所当然要考虑杉原条的材积，但是在龙泉码价中，决定杉原条价格的因子除了实际材积外，还有径级（眉高围）、材长和形数，所以不应在主观上把码两同实际材积画等号，更不能把龙泉码价当作立木材积表，否则就会根据各种规格的杉原条的码两和材积非线性的对应关系，做出龙泉码价是一个不精确的立木材积表的结论。退一步讲，倘若龙泉码价中的码两是杉原条的材积，可以采用公元2世纪我国数学家刘徽在《九章算术》中提出的求积公式，即便有计算误差，也应该是不规则的，而不可能出现计算误差随着杉原条眉高围的增大有规律地递增的结果。它更无法解释杉原条距产地越远，码两越大，杉原条的码两随材质优劣而变动等事实。

最后分析龙泉码价表中的眉高围、标准材长和码两之间的关系。笔者利用中国林业科学研究院黄中立研究员和江西省林业勘察设计院杨芳华高级工程师搜集、整理的两组资料，对这个问题进行初步研究。研究步骤如下：

1.利用黄中立研究员搜集、整理的资料，求出各种规格眉高围的杉原条材积和单位材积的码两值。各种规格眉高围的杉原条的材积是黄中立研究员计算的，各种规格眉高围的杉原条的码两值是龙泉码价创立者规定的，笔者仅计算了各种规格眉高围的杉原条的单位材积码两值。计算结果见表1。

表1　不同眉高围的单位材积的码两值

眉高围	材积	码两	单位材积码两	眉高围	材积	码两	单位材积码两
1.00	0.0594	0.030	0.505	2.55	0.5723	0.580	1.013
1.05	0.0671	0.035	0.522	2.60	0.5972	0.630	1.055
1.10	0.0750	0.040	0.533	2.65	0.6280	0.680	1.083
1.15	0.0833	0.045	0.540	2.70	0.6542	0.730	1.116
1.20	0.0925	0.050	0.541	2.75	0.6867	0.780	1.136
1.25	0.1014	0.055	0.542	2.80	0.7143	0.830	1.162
1.30	0.1103	0.060	0.544	2.85	0.7525	0.880	1.169
1.35	0.1190	0.065	0.546	2.90	0.7836	0.930	1.187
1.40	0.1278	0.070	0.548	2.95	0.8135	0.980	1.205
1.45	0.1453	0.080	0.551	3.00	0.8435	1.030	1.221
1.50	0.1577	0.090	0.571	3.05	0.8948	1.130	1.263
1.55	0.1717	0.105	0.612	3.10	0.9270	1.230	1.327
1.60	0.1840	0.120	0.652	3.15	0.9668	1.330	1.376
1.65	0.1993	0.135	0.677	3.20	1.0007	1.430	1.429
1.70	0.2127	0.150	0.705	3.25	1.0424	1.530	1.468
1.75	0.2294	0.165	0.719	3.30	1.0778	1.630	1.512
1.80	0.2440	0.180	0.738	3.35	1.1314	1.730	1.529
1.85	0.2621	0.205	0.782	3.40	1.1659	1.830	1.57
1.90	0.2810	0.230	0.819	3.45	1.2139	1.930	1.59
1.95	0.2973	0.255	0.858	3.50	1.2426	2.030	1.634
2.00	0.3176	0.280	0.882	3.55	1.2899	2.230	1.729
2.05	0.3388	0.305	0.900	3.60	1.3305	2.430	1.826
2.10	0.3571	0.330	0.924	3.65	1.3793	2.630	1.907
2.15	0.3808	0.355	0.932	3.70	1.4213	2.830	1.991
2.20	0.3993	0.380	0.952	3.75	1.4729	3.030	2.057
2.25	0.4235	0.405	0.956	3.80	1.5159	3.230	2.131
2.30	0.4443	0.430	0.968	3.85	1.5697	3.430	2.185
2.35	0.4694	0.455	0.969	3.90	1.6239	3.630	2.235
2.40	0.4950	0.480	0.970	3.95	1.6700	3.830	2.293
2.45	0.5197	0.505	0.972	4.00	1.7264	4.030	2.334
2.50	0.5430	0.530	0.976				

2.根据表1的有关数据，利用最小二乘法求出单位材积码两值与眉高围的回归方程。设单位材积码两值为y，眉高围为x，解方程组：

$$\begin{cases} y=a+b\overline{x} \\ \overline{xy}=a\overline{x}+b\overline{x^2}+c\overline{x^3} \\ \overline{x^2y}=a\overline{x^2}+b\overline{x^3}+c\overline{x^4} \end{cases}$$

得：

$$\begin{cases} a=0.690 \\ b=0.311 \\ c=0.175 \end{cases}$$

即回归方程为：

$$y=0.175x^2-0.311x+0.690$$

经检验：

$$\eta=\sqrt{\left[\sum(y_i-\bar{y})^2-\sum(y_i-\hat{y}_i)\right]\Big/\sum(y_i-\bar{y})^2}=0.991$$

$$u\eta=(1-\eta)/\sqrt{n}=\frac{0.009}{\sqrt{61}}=0.001$$

$$\frac{\eta}{u\eta}=991$$

结论：相关密切。为了节省篇幅，不列出回归方程计算表。

3.对回归方程求导，得出不同规格眉高围的单位材积码两值的差率函数：

$$y'=0.35x-0.31$$

如果说表1只反映了不同规格眉高围的杉原条的单位材积码两值具有递增的趋势，那么不同规格眉高围的杉原条的单位材积码两值的差率函数则反映了这个递增趋势的规律。笔者据此认为：龙泉码价不仅体现了大材大价的原则，而且遵循着一定的规律。

各种规格眉高围的杉原条的单位材积码两值函数和单位材积码两值差率函数可图示如下（见图1）：

笔者试图用图示做出这样的推测：龙泉码价的创始人郭维经父女

利用60根长短不一的丝线研究龙泉码价的用意，在于找出各种规格眉高围的杉原条的单位材积码两值的函数关系。如果设想60根长短不一的丝线顺序地等距地垂直于横坐标，那么其顶点的连线就是回归方程表示的曲线。因为丝线的长短确实是根据杉原条的材积和木材交易中大材大价的原则确定的，所以郭维经父女研究龙泉码价，就有可能是通过调整60根丝线的长短，找到一条反映单位材积码两值与眉高围的函数关系的平滑曲线的过程。否则，60根长短不一的丝线用来做什么呢？

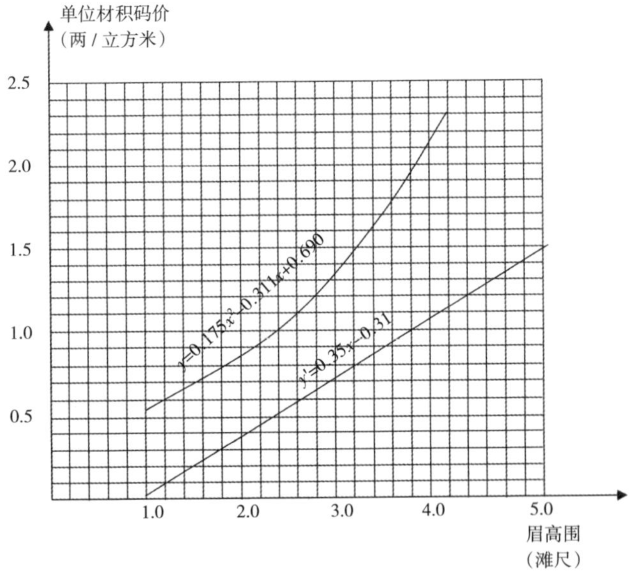

图1 眉高围与单位材积码价关系的示意图

4.利用杨芳华高级工程师搜集的资料，对回归方程的适用性进行检验。研究步骤如下：

（1）按照标准材长分组，求出各组眉高围和中央围对应关系的回归方程及其相关关系（见表2）。

表2　中央围径的回归方程

标准材长(滩尺)	中央围径回归方程(厘米)	样本单元(根)	相关系数(r)
32	y=0.92+0.82x	40	0.96
36	y=−3.94+0.91x	32	0.84
40	y=−10.21+0.98x	35	0.89
46	y=−2.10+0.83x	41	0.83
52	y=9.68+0.68x	20	0.61
60	y=15.25+0.59x	50	0.81

(2)利用上面六个回归方程和材积计算公式,求出各种规格眉高围的杉原条的材积和单位材积码两值。

(3)经计算得:

η=0.970

$u\eta$=0.004

$\frac{u}{u\eta}$=242.5

结论是密切相关。即利用杨芳华高级工程师搜集、整理的资料计算出来的回归方程,同样能够反映龙泉码价规定的单位材积码两值的变动规律(见表3)。

表3　龙泉码价规定的单位材积码两值

眉高围	材积	码两	单位材积码两	眉高围	材积	码两	单位材积码两
1.00	0.0732	0.030	0.410	2.55	0.6196	0.580	0.936
1.05	0.0825	0.035	0.424	2.60	0.6448	0.630	0.977
1.10	0.0881	0.040	0.454	2.65	0.6706	0.680	1.014
1.15	0.0960	0.045	0.469	2.70	0.7147	0.730	1.021
1.20	0.1043	0.050	0.479	2.75	0.7558	0.780	1.032
1.25	0.1129	0.055	0.487	2.80	0.7932	0.830	1.046
1.30	0.1219	0.060	0.492	2.85	0.8181	0.880	1.076
1.35	0.1312	0.065	0.495	2.90	0.8433	0.930	1.103
1.40	0.1409	0.070	0.497	2.95	0.8689	0.980	1.128
1.45	0.1509	0.080	0.530	3.00	0.9002	1.030	1.144
1.50	0.1683	0.090	0.535	3.05	0.9645	1.130	1.172

续表

眉高围	材积	码两	单位材积码两	眉高围	材积	码两	单位材积码两
1.55	0.1926	0.105	0.545	3.10	0.9899	1.230	1.243
1.60	0.2064	0.120	0.581	3.15	1.0158	1.330	1.309
1.65	0.2206	0.135	0.612	3.20	1.0420	1.430	1.372
1.70	0.2354	0.150	0.637	3.25	1.0684	1.530	1.432
1.75	0.2506	0.165	0.658	3.30	1.0953	1.630	1.488
1.80	0.2662	0.180	0.676	3.35	1.1225	1.730	1.541
1.85	0.2926	0.205	0.701	3.40	1.1499	1.830	1.591
1.90	0.3119	0.230	0.737	3.45	1.1778	1.930	1.639
1.95	0.3317	0.255	0.769	3.50	1.2061	2.030	1.683
2.00	0.3522	0.280	0.795	3.55	1.2345	2.230	1.806
2.05	0.3733	0.305	0.817	3.60	1.2634	2.430	1.923
2.10	0.3949	0.330	0.836	3.65	1.2926	2.630	2.035
2.15	0.4230	0.355	0.839	3.70	1.3220	2.830	2.141
2.20	0.4518	0.380	0.841	3.75	1.3519	3.030	2.241
2.25	0.4785	0.405	0.846	3.80	1.3821	3.230	2.337
2.30	0.5008	0.430	0.859	3.85	1.4125	3.430	2.428
2.35	0.5235	0.455	0.869	3.90	1.4434	3.630	2.515
2.40	0.5468	0.480	0.878	3.95	1.4746	3.830	2.597
2.45	0.5705	0.505	0.885	4.00	1.5060	4.030	2.676
2.50	0.5948	0.530	0.891				

综上所述，在龙泉码价表中，眉高围是反映杉原条径级的指标，其特点是易测量且精度高；标准材长是反映杉原条材长和形数的指标，码两是反映杉原条材积和径级、长级差价的指标，后两个指标都具有隐函数的含义。因此，虽然龙泉码价表中的指标少且简单，但是其包含的内容却非常丰富。最难能可贵的是它做到了比较科学地体现大材大价的经济原则。

二、龙泉码价应用中的合理内核

上面仅对龙泉码价表做了粗浅的探讨，现在再来研究应用龙泉码价时贯彻的三个原则。

(一)眉高围调节原则

从价值形态上讲,木材价格由凝结在生产过程中的价值量和流通过程中的价值量两部分决定。其中,同生产过程相关联的价值量是固定的,同流通过程相关联的价值量会随着运输距离的延长而增大。为了解决运输距离长短对木材价格的影响,应用龙泉码价时采取了眉高围调节原则,即杉原条距产区越远,眉高围测量处距大头端越近的原则。笔者认为,为了补偿增加了的运输费用和摊派木材流送中的正常损耗,采用眉高围调节原则是一种可行的变通办法。因为降低量围处意味着增加杉原条的码两值,在码两单价不变的情况下,杉原条的价格会因码两增加而提高,就能补偿运输过程中的物化劳动和活劳动的消耗。虽然改变量围处不是唯一可行的策略,但它毕竟是一种合乎情理的策略。

(二)码两调节原则

由于各种原因的影响,某些杉原条不足规定的标准材长或者带有某些缺陷。在木市交易中,为了给这些杉原条规定合理的价格,应用龙泉码价时采取了码两调节原则,即当时还存在次材让篾半寸(实际眉高围减去半寸)的情况。笔者认为它是折码的一种形式。码两调节原则,合乎次材、劣材低质低价的经济原则。是一种合乎情理的变通办法。

(三)码两单价调节原则

在特定的地区,每根杉原条的码两是固定不变的。如果码两单价不发生变动,那么完全按照龙泉码价表确定各种规格眉高围的杉原条的码两值,那些材质优良、尖削度小、材长远远超过龙泉码价表规定的标准材长的杉原条,就无法得到比较高的价格。为了给这些杉原条规定合理的价格,应用龙泉码价时采取了码两单价调节原则,即材质越好,码两单价越高。提价幅度根据杉原条的材质而定。贯彻码两单价调节原则,符合优材高价的客观要求,也是一种可行的、合乎情理的变通办法。另外,在应用龙泉码价时,各码别的杉原条的码两单价还会因市场供需情况发生波动，这显然合乎价值规律的要求。

综上所述，应用中的龙泉码价远比龙泉码价表本身内容丰富。如果说龙泉码价表考虑了杉原条的径级、材长、形数和材积对价格的影响，体现出大材大价的思想，那么贯穿在龙泉码价应用中的三个原则，体现出劣材低价、优材高价，及产区和销区应有差价的思想。显然，只有把它们视为一个整体，才能全面地理解和把握龙泉码价的合理内核。同时，它们也只有成为一个整体，方能在我国木材市场上沿用数百年。

三、龙泉码价合理内核的启发

我们要把龙泉码价当作具有可加性的标准材积表，这样就可以对不同规格的木材材积进行累加。材积累加值乘以码两单价，得到用价格表示的生产成果。码两固定不变的实质是生产成果固定不变。根据这个原理，就可以通过设置两个指标分别考核木材生产和木材流通两个阶段的经济效果。其中，考核生产阶段经济效果的指标是单位生产资金的码两值。这个指标越大，说明生产阶段的经济效果越好；考核流通阶段经济效果的指标是码两单价变化率与费用增加率的比值。这个比值越大，说明流通阶段的经济效果越好。这样，就能够把生产和流通两个阶段对企业最终经济效果的影响程度分解开。

龙泉码价反映了杉原条价格的变动趋势，尤其是反映了杉原条单位材积价格变化率。所以它对于确定林木或林分经济成熟也有作用。经济成熟是活立木转化为木材的分界线。笔者认为活立木的计价规律和木材的计价规律有很大的不同。如果用单位材积价格表示，它们是两条不同的曲线。林木或林分的经济成熟必须由这两条曲线共同来确定。这是因为：单位材积林价变动曲线反映的凝结在单位材积里的价值量不是在任一时点都能实现的。更确切地说，如果活立木形态不变，即发生活立木交换，单位材积实现的价值量才可能同单位材积林价变动曲线决定的单位材积价值量相等；如果活立木形态发生变化，即进行木材交换时，单位材积实现的价值量在一般情况下不等于单位材积林价变动曲线决定的单位材积价值量。单位木材价格变动曲线反映了单位材积能够实现的价值，却没有正确反映任一时点凝结在单位材积里的价值量。显然，如果研究林木经济成熟而不是活立木交换，必须借助于这两条曲线。我们可以用图2说明这个问题。A、B是仅考虑单位材积凝结价值和实现价值的盈亏平衡点，而C、D是考虑了采运费用的实际盈亏平衡点。这里要注意，对应于单位材积林价变动曲线的是单位材积立木生产的木材价格变动曲线，而不是单位木材材积价格变动曲线。当然要更加全面地研究经济成熟，必须利用三维空间坐标系，把单位面积蓄积量的变动考虑进来。

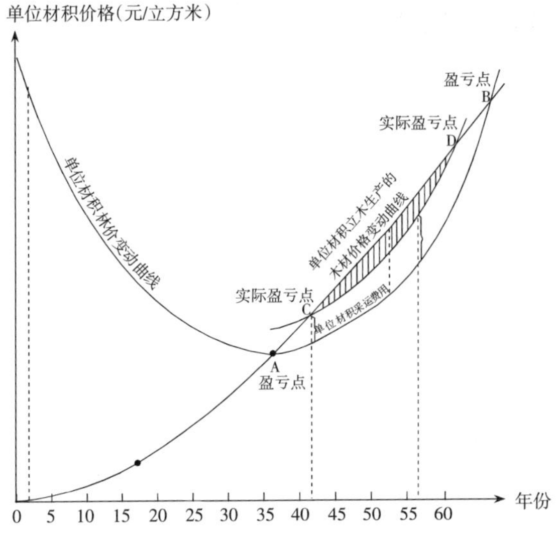

图2　单位材积价格变动曲线

根据龙泉码价的合理内核，我们还能依据现有的立木材积表推导出按标准材积计算的一种标准立木材积表，即把实际的立木材积换算成同度量的标准材积。这张标准立木材积表可以起到现有的立木材积表所不具有的作用，即它对于研究林业经济问题，具有更重要的作用。当然，我们也可以在原有立木材积表的基础上扩充，制定出既有实际材积又有标准材积的更为完备的立木材积表。这项工作有无必要开展,可以请专家学者定夺。

总之,龙泉码价是我国历史上已经发现的一种木材价格计算方法。它之所以能够沿用数百年,在于它具有上述合理性。我们今天研究它,不仅仅在于论证它是我国的文化遗产,还在于它给我们的启发,去探讨更为合理的木材价格计算方法。

参考文献

黄中立. 价与杉木材积关系——武汉市鹦鹉洲杉木材积调查报告[J].自然科学,1952,2(2).

杨芳华,简根源.龙泉码价考[J].林业经济,1980(2).

自述之二

我是1983~1984年期间在《林业科学》杂志上发表三篇文章而开始被林业经济学界关注的。在众多论文中挑选发表于《林业经济通讯》1985年第2期的《龙泉码价合理内核初探》作为代表作，是为了表达我对我国林业经济遗产的敬意。

龙泉码价表是用于计算杉原条价格的工具。它的计量单位是码两，创立于17世纪30年代。这种杉原条的计价方法在我国南方木材市场上沿用数百年。我国林学界认为它是世界上第一个二元木材材积表。鉴于在认知上将其当作木材材积表和该表中的材积误差随着杉原条的增大而不断增大，1954年将其弃之不用。

为什么龙泉码价表中的码两和材积的误差不是随机的，而是随着杉原条的增大而不断增大？为什么一个误差不断增大的木材价格计量方法会被市场接受，且连续使用了300多年？为什么龙泉码价表的编制要借助60根长短不同的丝线？针对这三个问题，我利用杨芳华先生提供的杉原条数据对龙泉码价表中的码两和材积的关系进行了研究。结果发现：

龙泉码价表要解决的是不同规格的杉原条的材积的可加性问题，而不是木材材积的计算问题，即龙泉码价表中的码两并不是杉原条的实际材积，而是可比性材积。不同规格的杉原条的材积具有了可加性，木商在检尺时就不需要先按径级对杉原条进行分类，这样就大大减轻了木材检尺的劳动强度。

码两表达的是可比性材积。为了体现大材大价的原则，码两就必须随着实际材积的增大而加速增大。理解了可比性材积和实际材积的不一致，就不会因为用码两表达的可比性材积和实际材积的误差随着杉原条的增大而不断增大而感到困惑了。

运用最小二乘法和杨芳华先生提供的数百根不同规格的杉原条的数据，求出单位材积码两值与眉高围的回归方程。对回归方程求导，得到不同规格眉高围的单位材积码两值的差率函数。由此发现，龙泉码价不仅体现了大材大价的原则，而且其变动有很强的规律性。这是龙泉码价能够得到木材交易双方认同的原因。龙泉码价在应用中还遵循了码两根据材质优劣加以调节的原则和码两单价根据运输距离和市场供需波动调节的原则。它们作为一个整体，才使其能够在我国木材市场上沿用了数百年。

有关研究龙泉码价的文献都提到龙泉码价表是它的创建者用60根长短不一的丝线做出来的，却没人考证60根长短不一的丝线与龙泉码价表的关系。我在网格纸上画各种规格眉高围的杉原条的单位材积码两值的曲线时发现，若60根长短不一的丝线由短到长顺序且等距地垂直于横轴上，其顶点的连线就是回归方程表示的曲线，即龙泉码价表的创始人郭维经父女采用坐标系的方法和60根长短不一的丝线的调整，去寻找一条反映单位材积码两值与眉高围的函数关系的平滑曲线，使各种规格的杉原条实际材积具有可比性。郭维经父女在17世纪30年代采用坐标系的方法研究龙泉码价，同笛卡尔（1596~1650）提出坐标系方法在时间上是很相近的。

生物产品的显著特征是规格太多，它们都有调整为可比性产品的客观需求。就此而言，龙泉码价表中蕴含的方法论至今仍具有借鉴意义。

论我国农业由传统方式向现代方式的转化*

一、我国农业处于转化阶段的标志

从世界范围看,农业迄今已经历了三个发展阶段:原始农业阶段、传统农业阶段和现代农业阶段。在我国,由原始农业阶段到传统农业阶段的转化,发生在春秋战国时期。此后,至新中国成立初期,我国一直停留在传统农业发展阶段,形成了以劳动投入密集、土地生产力较高增长的传统农业类型。新中国成立后,情况开始发生变化,农业中使用新的生产要素的品种和数量不断增加,新技术对农业增长的影响愈益显著。从总体上看,我国现阶段的农业已不是典型意义上的传统农业了。具体表现在:

1.粮食总产量和土地生产率的年均增长率都打破了传统农业低速增长的局面,1952~1987年间,①我国粮食总产和单产（按播种面积计算)的年均增长率分别为2.62%和2.93%,②明显区别于粮食总产年均增长率只有1%、单产长期徘徊不前的传统农业。

2.新的生产要素投入不断增加,打破了传统农业近乎凝固的生产要素配置格局。1952~1987年间，我国机耕面积由13.6万公顷增加到3839.8万公顷,机耕面积占耕地面积的份额由0.1%提高到40%;灌溉面积由1995.9万公顷增加到4440.3万公顷，灌溉面积占耕地面积的份额由18.5%提高到46.3%;化肥投入量由7.8万吨增加到1999.3万吨,化肥占施肥总量的份额由0.2%提高到近50%；③作物品种已作了1~3次更

* 本文发表于《经济研究》1989 年第 6 期。

① 1952 年是新中国成立后首次打破我国粮食及其他多种农作物最高历史水平的年份。

② 根据《中国统计年鉴(1988)》第 248、253 页中的有关数据计算。

③ 根据《中国统计年鉴(1988)》第 224、233 页中的有关数据计算。考虑到拖拉机主要用于运输这一事实,故采用机耕面积指标来反映农业机械化水平。

换，1979~1982年，主要农作物的良种播种面积已由7730.5万公顷增加到8773.8万公顷，良种播种面积占耕地面积的份额由75.0%提高到85.1%。[①]新的生产要素在生产要素配置中的地位和作用愈益重要这一趋势，明显区别于生产要素配置近乎凝固的传统农业。

3.现代农业的生产经验对农民的影响越来越大，打破传统农业所特有的经济均衡状态的动力越来越足。最近10年来，随着家庭联产承包责任制的广泛推行和社会主义商品经济的发展，农民已不再把世代相传的农业生产经验看作是不可逾越的雷池，他们无论在投入新的生产要素方面，还是在采用新的农业技术方面积极性都很高。仅1982年至1987年就推广地膜覆盖栽培面积1.14亿亩（1公顷等于15亩），[②]这种状况也明显区别于把世代相传的生产经验奉若至宝的传统农业。

当然，也应看到，我国农业由传统方式向现代方式的转化还是极其缓慢的，目前我国农业无论在技术和经济方面，还是在诱导制度方面，都或多或少地保存着较明显的传统方式，表现在：(1)农户仍以满足自身需求作为资源配置的第一目标；(2) 农户缺乏承担风险的意识和能力；(3)传统的组织方式仍占据着重要地位。

所以，可以说，我国农业正处在传统农业向现代农业转化的阶段，面临的主要任务是加快传统农业的改造、完成农业发展阶段的转化。当前，影响我国农业发展阶段转化的主要问题是：

1.农业生产中资源配置激励的不协调。在具有正常的激励机制的条件下，农业生产的资源配置应反映资源（生产要素）的稀缺程度，趋向于具有比较资源优势的生产选择。这包括在确定的或有明显倾向性的引导信号下，实现国民经济一级的农业生产结构的选择、各地区产品生产分工，以及在国际分工中的扮演角色的树立，等等。但是，在这一类的激励机制方面，存在着严重的信号扭曲和不协调。其中最突出的例子是市场价格信号提供的诱致性激励与政策性强制力量之间的

① 根据《中国农村经济统计大全(1949~1986)》第348~350页计算。因统计年份始于1979年，1988年统计口径有变动，故只计算了这个短时期。

② 引自1989年10月10日《人民日报》。

不协调。在农民成为商品生产者的条件下,他们必然根据市场信号判断生产何种产品具有比较优势从而使收益最大化;同时,他们又要接受宏观计划的指导或强制,后者作为一种政策导向往往又同市场信号不协调,甚至两种激励背道而驰。这使得转化中农业的资源配置效率和对农民的经济激励大大受到损害。

2.技术结构与要素禀赋不协调。对我国来说,最主要的问题是在多元化的技术供给中(这是转化中农业的本质特征),没有适宜于资源禀赋的技术供给倾斜政策。另一重要表现是现代农业技术与传统农业技术相比缺乏明显的优势,致使改造传统农业的动力不足。我国农业劳动力是很丰富的,土地则是相对稀缺的,如果选择的农业技术主要产生替代劳动的功能,而不是更有效地利用土地,它就会缺乏优势。

3.诱导农业发展的制度安排不协调。人们使用生产要素从事经济活动,尚需一定的规范或约束框架。后者作为一种经济活动必需的额外要素,是由制度所提供的。在农业中,农民的选择与创新,一方面是在既定的制度框架内进行的,这一制度条件的优劣决定了农民选择和创新行为的效率高下;另一方面,许多必要的制度设置,又是农民选择和创新的内容本身。农民作为具有"经济理性"的经济活动主体,通常能够准确地在制度收益和创新成本之间作出衡量,从而选择服务效果最好的制度安排。因此,对于农民来说,就有两种制度供给类型,一类是诱致性制度变迁,即农民根据要素和产品的长期相对价格在既定的大制度框架内进行选择和创新的制度安排;另一类是强制性制度变迁,是农民不能或不愿自行选择的制度安排。强制性制度变迁也是必要的。这是因为有一些制度安排具有很大的外部效果,即一些人的创新可以给更多的人带来利益,而这些人又没有力量要求全体受益者采取一致行动,这就产生了"免费搭车"的问题,使实际发生的制度创新少于制度创新的机会,使社会总收益减少。这是诱致性制度变革难以解决的问题,而强制性制度变革可以弥补诱致性制度变革的这一不足。例如,政府可以在预见到制度变革收益优厚的情况下,利用强制力量使受益者采取一致行动。但是,政府所能掌握的信息也是有限的,有时无法准确地知道一种制度安排是否使社会上多数人受益从而增加社会总收益，而且政府难免受到少数与政府关系密切、谈判能力强的社会集团的影响，使强制性制度变革与诱致性制度变革在需求上和收益偏向上产生变异。总之，为使强制性制度供给具有效率，制度供给者同样要准确把握各种要素的稀缺性程度。因此，归根结底，这种制度变迁也是诱致性的，也就是说，制度供给的诱致性和强制性之间并没有不可逾越的鸿沟。由于农民的“经济理性”不是无限的，所以有时农民在进行诱致性制度选择时，政府可以通过各种信号进行引导，直至强制替代。不过从总体上看，政府的主要任务是为农民选择和创新提供必要的外部制度条件，矫正扭曲的价格信号。同时，农民在强制性的制度供给范围内也是有所作为的，如进行必要的边际创新、通过对话渠道影响制度供给，等等。虽然两种制度供给类型的界限不是绝对的，但经济理论与实证还是可以划出一个必要的边界，指出在既定的条件下，哪一类服务应该由农民选择，哪一类制度服务应该由政府提供，从而使制度安排的效率最高。我国实现农业发展阶段转化迫切需要完善的制度环境是组织和市场。前者主要指最佳经营组织形式的选择和规模经济利用形式的选择，后者指广义的市场机制，包括矫正要素市场和产品市场上的价格扭曲，促进市场发育。

二、加速我国农业发展阶段转化的技术选择

从理论上讲，一个合乎国情的农业技术结构的最显著的特征，是同本国农业资源禀赋相适应，[①]并使具有比较优势的要素对具有比较

---

① 资源禀赋对农业增长的影响要明显地大于其他产业。克鲁格对发达国家与发展中国家经济增长差异的因素分析表明，资源禀赋及受其影响的技术投入方面的差异，只能说明经济增长总差异的少一半，人力资本的差异则能说明多一半。速水和拉坦的研究则表明，就农业而言，资源禀赋及受其影响的技术投入方面的差异，能说明农业增长总差异的60%以上，其中资源禀赋一项的差异就能说明总差异的33%。这意味着在农业中，关于适宜于发挥本国资源比较优势的农业技术结构的研究，是十分重要的课题。

劣势的要素的替代达到最优化。正因为利用资源禀赋的比较优势去克服因资源禀赋比较劣势所造成的增长限制，是农业发展中极为重要的一个方面，所以，土地稀缺的国家往往形成土地节约型的农业技术结构，以突出生物技术、化肥等替代土地型要素的作用；劳动较为稀缺的国家则往往形成劳动节约型的农业技术结构，以突出机械技术、动力等替代劳动型要素的作用。不同的农业技术结构在选择偏好上就有显著差异，比如在选择农作物品种时，土地节约型农业技术结构最关注的是作物品种对化肥、灌溉、活劳动投入的反应大小，劳动节约型农业技术结构最关注的是作物品种对机械化作业适宜程度的高低。

从历史角度看，长期以来，我国农业技术在逐渐发生变革，无论是品质优异的作物品种和新的耕作技术的推广，还是化肥、机械、农药、塑料薄膜等现代农业生产要素的投入，都愈益成为显著的现象。农业技术变革的速率虽不很高，但效果仍是明显的，其主要标志是打破了传统农业所具有的农作物单产长期徘徊的局面。然而这只是问题的一个方面。如果把合理利用农业资源禀赋比较优势和努力克服农业资源禀赋比较劣势所造成的增长限制，作为选择我国农业技术的基本准则，就可以发现，我国在选择农业技术上还存在一些问题。

第一，把实现农业机械化放到了不应有的位置上。这实际上是我国盲目模仿苏联的农业增长模式造成的。我们并不认为中国农业无须实现机械化，但对于中国而言，最重要的是推行节约土地型农业技术，片面强调节约劳动型农业技术是不合乎国情的。事实证明，我国在这方面所作的努力并未收到多大的效果。在我国每个农业劳动力拥有机械的平均年增长率最高的1952~1965年期间，土地生产率的平均年增长率是最低的。尤其是通过我国与发展中国家接近于同期的比较可以发现：(1) 我国每个农业劳动力拥有的土地面积的平均年递减率为1.7%，而其他发展中国家为0.4%，这意味着在单位耕地上的农业劳动力年均增长方面，我国的增长率高于其他发展中国家的平均数；(2)我国农业劳动力拥有机械的平均年增长率为34.5%，比其他发展中国家高出近30个百分点。虽然我国在农业劳动力和农业机械化方面增长得比其他发展中国家更快，但是土地生产率的增长却低于其他发展中国家0.4个百分点。这样一种效果不显著的农业机械化之所以能够推行下去，主要原因就是政府的农业技术选择偏好，以及由此引起的新的农业生产要素相对价格不合理。同美国、日本这两个资源禀赋迥然不同的发达国家相比，我国农业机械、柴油、电相对于粮食的比价是低的，而化肥、农药相对于粮食的比价是高的。需要指出的是，这样的比价结构并非是由市场上的供需状况决定的，而是在相当大的程度上由政府宏观调控政策所设置的诱因制度造成的。

第二，在推广节约土地型农业技术方面缺乏有效的措施。我国一直以农作物单产高而自慰，其实不考虑资源禀赋上的差异，单就各国农作物单产进行比较是没有多少意义的。农作物单产与人均占有可耕地面积具有负相关关系，按我国人均占有耕地面积看，我国的土地生产率并不高，即将人均占有耕地面积作为自变量代入回归方程所求出的我国实际的土地生产力低于理论上的土地生产力。同人均占有耕地面积相近的国家相比，我国的土地生产率仅高于印尼，且差距不大，低于日本、朝鲜、埃及、意大利、荷兰、联邦德国、英国等其他七个国家。[①]问题究竟出在什么地方呢？我们认为，如果说我国农业技术结构有问题，决不仅仅是在某一个技术环节方面出现了差错，而是各个技术环节都暴露出这样或那样的不足。若把它们归结起来则可以发现，无论是灌溉效率低，还是化肥投入不足、良种推广不够，都是由缺乏科学的经营措施造成的，而缺乏科学的经营措施，则是由农业科研、农业科技推广乏力造成的。所以说到底，是由于在推广节约土地型农业技术方面缺乏有效的措施，包括诱因设置不当和制度安排不协调。

对我国来说，要想突破耕地对农业增长的限制，必须走科技兴农的道路。理由是，我国依靠扩大耕地面积来实现农业增长的时代已基本结束，利用农业科技及相应的要素投入来提高土地生产率，已成为

---

① 许多资料表明，我国实际耕地面积大于统计报表上的耕地面积，故按实际耕地面积计算，我国的土地生产率还要低一些。

农业增长的唯一途径。目前我国平均每亩耕地的承载力已超过0.5人。据一些科学家推论，传统农业的土地承载力极限为平均每亩0.25人，要使平均每亩耕地的承载力达到0.5人，必须靠技术进步和投入大量的肥料、农药、灌溉水、改良的种子来作保证。[①]

农业技术进步是现代农业增长的根本所在，这一点已成为人们的共识。问题是技术进步的方向和如何推行技术进步。我们认为，首先要校正资源供给及其市场反应中的各种扭曲现象，使它们在影响农业技术变革方向、诱致技术的创新与发展以及在生产中的应用方面，产生决定性的作用。

长期以来，我国一直不承认土地有价格，更谈不上准确反映农业用地稀缺性的土地价格。因此，尽管我国人均占有耕地面积很小，[②]但对节约和保护耕地的重视程度并不高。到目前为止，我国还没有自觉地把耕地作为农业发展的主要制约因素，在宏观调控政策中还没有严厉制止侵占耕地的有效手段，以致耕地仍以每年700万亩~1000万亩的速度减少；在选择农业技术结构时仍未想方设法用其他要素替代土地，以提高土地生产率，至今还特别崇尚以提高农业劳动生产率为主要特征的规模经营，在许多地方还是以劳动力收入作为农业生产力配置的决定性因素，因而一旦农民寻找到在非农产业就业的机会，就有可能将耕地撂荒。总之，不考虑土地价格所造成的后果是极其严重的，一方面它扭曲了工农业产品比价和农产品内部比价，使之无法反映我国农业资源的稀缺程度；另一方面，它对人们忽视以土地利用效率为中心配置农业生产力起了推波助澜的作用。所以，不妥善解决土地价格问题，就有可能使农业技术变革误入歧途。

解决土地价格问题的关键，决不是给土地强加上一个价格，而是通过开放农产品市场或调整农产品价格，消除土地无价的根源。这也

---

① 中国科学院自然资源综合考察委员会:《世界资源(1986)》,能源出版社,1987。

② 我们所作的相关分析表明,人均耕地面积变动将引起土地生产率、化肥投入量、耕地灌溉率的显著变化,且负相关程度高;平均每个农业劳动力占有耕地面积变动对上述指标的影响小,且负相关程度低。

进一步说明,进行农业技术变革不仅仅是增加新的要素供给,特别是对我国来说,改变不合理的制度安排,至少同增加新的生产要素一样重要。

为了诱致技术创新,除了要准确反映耕地稀缺性外,还要使其他农业生产要素的相对价格正确反映替代方向。比如,增加化肥投入是一个十分重要的环节,但它应该在同时利用好厩肥、绿肥等农家肥的基础上发挥作用,所以化肥价格要定在化肥与农家肥配合供给的最佳点上。再比如,我国农业劳动力是比较丰富的,但由于经济发展不均衡,一些率先发展起来的地方已出现劳动稀缺现象,在这种情况下采用机械替代劳动的做法显然是合理的,但这并非是唯一的选择,因为在这种情况下还可以通过利用农业劳动力相对剩余地区的劳动力来解决农业劳动稀缺问题。我们认为后一种做法也是值得提倡的。总之,要在开放的经济环境中进行要素相对价格的比较,使较为丰富的要素对较为稀缺的要素的替代达到最优化。

诱致农业技术变革,除了使要素的相对价格准确反映各种要素的稀缺程度和替代方向外,另一个重要方面则是形成一个健全的农业科研和推广体系,增加农业科研、教育和农用工业的投资。这方面已有较多文章做了很好的论述,我们就不再赘言了。

三、实现我国农业转化的制度环境

(一)转化中农业的规模经济利用形式

一切经济组织形式的选择都可以归纳为对规模经济的利用。在考虑到组织内部激励机制的前提下,经济组织形式的选择标准可以唯一化为最大限度地利用规模经济。因此,在研究适宜于农业发展阶段转化时期的农业经济组织形式之前,首先要分析转化中农业的规模经济利用形式。

经济学中所讲的规模经济,是指在假定技术条件不变的情况下,生产要素同比例增加所引起的超额收益。由于在现实中,农场规模的变化总是伴随着技术的改变和要素配置比例的改变，所以这种严格意义上的规模经济并不能直接进行观察。本来，各种复杂的规模变动所引致的收益增加，都可以归结为这一严格条件下的规模经济，但为了使论述更为直观一些，我们仅将这一规模经济看作是现实中多种规模经济中的一种。

在现实中，规模经济更多地表现为以下三种形式：一种是一定劳动力经营更多的土地，从而带来规模变动的收益；另一种是由零散地块的改整所带来的规模效益；再一种是由直接生产过程之外的如公共设施、市场集聚、产业关联形式等变动所产生的效益，流入农场所带来的规模效益。在这三种规模经济存在形式中，前两种是内部规模经济，后一种是外部规模经济。由此可见，现实中可能存在的规模经济有四种：(1)生产要素投入同比例增加所带来的规模经济；(2)一定劳动者耕种土地面积的扩大所带来的规模经济；(3) 由零散地块改整所带来的规模经济；(4)由外部流入农场的效益所带来的规模经济。那么在农业发展阶段的转化过程中，可资利用的规模经济有哪几种呢?

首先，来看第一种可能存在的规模经济。技术条件不变，生产要素配合比例不变的经营规模变动，在现实中是十分少见的。但在我国，比较接近于这种限制条件的规模变动确曾出现过。一次是从个体农民的经营转变为人民公社生产队的经营，另一次是从生产队的经营转变为家庭经营。这两次经营规模的变动，就其刚刚完成之时，是可以大致看作符合技术不变和要素同比例变化条件的。因此，我们可以就这种情况讨论第一种可能存在的农业规模经济。为了进行比较，我们大致以“一五” 时期的主要农产品增长率指标表示集体化之前的较小规模的平均经营效果，以“二五”时期的同类指标表示集体化后较大规模的平均经营效果，以“五五”时期和“六五”时期的相应指标分别表示实行家庭联产承包制前后，较大规模和较小规模的平均经营效果。资料表明，“一五”时期主要农产品产量的年平均增长速度都高于“二五”时期，而“六五”时期主要农产品产量的年平均增长速度都高于“五五”时期(见表1)。这意味着在现实中这种农业规模经济并没有表现出来。

表1 对比时期主要农产品年均增长率(单位:%)

主要农产品	“一五”时期	“二五”时期	“五五”时期	“六五”时期
粮食	3.5	-3.9	2.4	3.4
棉花	4.7	-14.5	2.6	8.9
油料	17.8*	-13.7	11.2	15.5

注:*表示因数据缺失,以恢复时期的该数据代替。

资料来源:《中国统计年鉴(1988)》。

为什么这种可能存在的规模经济没有表现出来呢?概括地说,有两方面的原因:第一,由生产要素不可分性引致的规模经济,在农业中表现得并不明显,即这种规模经济本来就不显著;第二,由于准确计量农业有效劳动非常困难,进行劳动监督的费用又极其高昂,所以在现实中只能放弃对劳动的准确计量和监督,而采取事先评定工分的办法。这样就无法避免干得好不一定多得、干得差不一定少得的现象,其结果是一部分人侵犯了另一部分人的劳动成果,影响了劳动者的积极性和创新精神,损害了大规模经营的效率。一言以蔽之,由于这种形式的规模经济本来就不显著,在现实中往往不足以补偿因劳动激励不足所造成的效益损失,所以它不具有普遍利用的可能性。

其次,来考察第二种可能存在的规模经济。一定劳动者耕种土地面积的扩大,可能带来的效益有两个方面:一是由生产要素不可分性带来的,即第一种含义的规模经济;二是由劳动生产率的提高带来的。前者虽不像工业生产中那样明显,但由于不存在劳动激励不足和支付劳动监督费用的问题,因而是存在规模经济的。根据有关学者研究,1980年农场规模较小的日本和法国的农业劳动生产率,分别比农场规模较大的美国低90.2%和64.3%,其中由农场土地规模产生的差异分别为26.2个百分点和11.7个百分点。[①]我国农户的土地平均经营规模是非常小的,1986年的土地平均经营规模为9.2亩,仅为1960年亚非部分国

① 川越俊彦、速水佑次郎:《国际间农业生产率的差别及其原因》,《经济学译丛》1985年第10期。

家和地区平均数的14.23%。这说明，在不改变家庭经营形式的前提下，通过农业劳动力转移或扩大耕地，增加农业劳动者的土地经营面积，形成适度经营规模，是有效益的。

然而必须指出，国内外大量的实证研究都证实，以土地面积作为衡量指标的农场规模的扩大，在提高劳动生产率方面的效果是显著的，但通常并不导致土地生产率的提高，尤其是在发展中国家，农场规模的扩大往往导致土地生产率下降。对联合国粮农组织1973~1979年收集的15个发展中国家的资料进行分析，可以发现这些国家单位土地的产出、劳动日投入、中间投入、资本投入和土地利用强度（播种面积与农场面积之比）等指标，均随农场规模增大而下降。其中单位面积土地产量对于农场规模的弹性值皆为负数。以四川省丰都县1986年的抽样调查资料分析，土地生产率对于经营规模的弹性值为-0.21，即随着规模的扩大，土地生产率递减。我国是一个耕地稀缺的国家，农业中存在着大量的剩余劳动力，在短期内，非农产业的发展尚难以把剩余劳动力完全吸收掉。在这种情况下，农业中技术变革的方向是由劳动力相对价格较低廉而土地相对价格较高这一信号引导的，因而应以追求土地生产率的提高为主。不顾劳动力转移的制约，强行追求土地经营规模扩大，必然会产生不良后果。因此就总体而言，我国目前尚不具备利用第二种规模经济可能性的条件。

再次，来看第三种可能存在的规模经济。用适当的办法对分散、零碎的土地进行整合来获得规模经济，在土地零散程度超出了要素可分性下限的情形下是普遍存在的。我们在前面曾证实农业中生产要素的不可分性并不显著，但绝对没有农业中生产要素越细分越好，乃至可以无限细分的意思。恰恰相反，我们是赞同要素整合的，不过我们赞同的不是一般意义上的要素整合，而是满足一定条件的要素整合。这个一定条件就是：（1）要素整合引致的效益必须大于由此导致的损失；（2）土地生产率不下降。换言之，我们正是以前两种含义的规模经济分别不满足这两个条件为着眼点，否定它们在我国农业发展阶段转化中的普遍存在性。

我国农户经营的土地的零散程度是否超出了要素可分性的下限[①]呢？回答是肯定的。据全国性的典型调查，1984年我国平均每个农户耕种9.35亩土地，被分割为9.7块，平均每个地块面积为0.96亩；1986年户均耕种面积减少到9.2亩，每户的地块数为8.99块，平均每块为1.02亩。这是指平均情况，现实中还有大量的土地划分细碎到令人吃惊的事例。不论这种土地划分零碎的现象是出于分散风险的需要，还是出于公平的考虑，这种零碎程度已超出了生产要素可分性的下限，只不过是农业技术进步、其他要素的追加投入大幅度地提高了土地产出，使土地细分的纯损失得以遮盖而已。所以第三种含义的规模经济，在我国农业中是普遍存在的，应广泛利用之。

最后，来看第四种可能存在的规模经济。现代农业是与市场、社区服务设施、交通运输设施等密切相连的。农户与这些外部服务的联系中客观地存在着规模经济。例如在购买、销售、运输、贮存、灌溉，以及获得资金等方面，农户们可借助于合作扩大交易活动的规模来获得规模经济。国外的有关研究表明，在其他条件不变的情况下，单位农产品的交易费用（购买、销售、借贷、签约、诉讼等费用）与交易活动的规模成反比。这说明在这些方面，农户们借助于合作扩大交易活动的规模，可以降低各自的农产品交易费用，从而受益于规模经济。因此，这种含义的规模经济不仅在我国农业中普遍存在，而且广大农户都希冀得到利用。

综上所述，虽然从理论上讲，四种含义的规模经济都是存在的，但就我国现阶段的农业而言，后两种含义的规模经济是普遍存在的，需要广泛加以利用；前两种含义的规模经济不是普遍存在的，但在有条件的地方，也要加以利用。

---

① 要素可分性的下限在要素细分的边际收益为零处。过此界限，要素细分的所得将小于要素细分的所失。

(二)转化中农业的家庭经营和合作经济

既然第三种和第四种含义的规模经济是转化中农业的典型的和现实的规模经济利用方式,那么转化中农业的经营形式和经济组织就要围绕如何利用这两种含义的规模经济进行设计。

农业集体化的失误和家庭联产承包制的成功,以及对四种含义的规模经济利用方式的探讨,都充分地证明了,家庭经营是适于农业这种规模经济不显著的产业的经营形式。或者说,以农户的劳动力为主,土地、资本在家庭内部作基本的微观配置这样一种资产运作层次,在农业中是典型的,决不能轻易地丢掉这一资产运作层次(它又不是农业中唯一的资产运作层次,关于这一点将在后面展开分析)。因为在这一资产运作层次上,农业经济可以发挥出极大的经济效率。其原因是:(1)家庭经营可以最大限度地减少经营体内部的摩擦,从而使劳动者的积极性达到最大化;(2)它可以最大限度地减少信息的内部损失,从而使经营体内部的交易费用趋于最小化;(3) 资源的微观配置效率最佳, 有利于加速逼近各种要素边际生产力达到平衡的资源配置状态;(4)最有利于诱致性技术变迁,因而有利于选择一条最适宜我国国情的农业技术变革道路。

必须指出,我们这里讲的家庭经营,是满足发展商品经济要求的家庭经营,它的资产运作范围和规模具有较大的包容量,因而也是可以利用规模经济的。如前所述,第三种和第四种含义规模经济的利用是无须改变家庭经营这一资产运作层次的,对于第二种含义的规模经济,如果农业劳动力能够大量转移到非农产业,农业资本装备水平相对提高,获得这种规模经济的效益就是现实的,而且并不需要改变家庭经营这一资产运作层次。只有追求第一种含义的规模经济才需要突破家庭经营这一资产运作层次,然而由于农业劳动难以准确计量和劳动监督费用高昂、放弃监督劳动激励又将明显不足,使得这种突破的收益往往无法弥补由此引起的损失,因此,为追求这种含义的规模经济而突破家庭经营这一资产运作层次, 从总体上看是得不偿失的,不能执着追求之。[1]

由此可见，利用现实的规模经济的可能性，不仅不要求突破家庭经营这一资产运作层次，相反，坚持家庭经营这一资产运作层次，是利用现实的规模经济可能性的必要条件之一，也是进行我国农业发展阶段转化的必要条件之一。理解这一点的关键，在于摒弃把家庭经营同小生产画等号的思维方式，确立家庭经营能够参与大生产的新思维。

但是，家庭经营这一资产运作层次不能充分利用可能存在的规模经济，所以它又不是农业中唯一的资产运作层次。我们知道，在农业中，无论是基础设施的修建和维护，还是购买生产要素和销售产品，家庭经营都难以达到获得规模经济所需的交易活动规模，对于转化中农业来说，表现得更加突出。如何利用这部分规模经济呢？一种做法是把若干个家庭整合在一起形成集体经济，去达到获得这种规模经济所需的交易活动规模，然而事实表明这种做法并不成功，即失败的概率远远超过了成功的概率。另一种做法是在坚持家庭经营的前提下，诱导农户在这些方面开展合作，形成合作经济，[2]去达到获得规模经济所需的交易活动规模。国内外的许多研究表明，诸如这样的合作经济大多是成功的。

为什么这两种不同的做法效果迥然不同呢？其一，在直接生产方面，由于集体经济否定了家庭或个人这一资产运作层次，仅仅把劳动者看作是一种要素，又无法准确计量劳动者的有效劳动量和实行有效且经济上合理的劳动监督，所以因劳动激励不足而引起的损失较大，而合作经济是坚持家庭经营这一资产运作层次的，劳动者不仅是一种

---

① 在非农产业极为发达的地方，有一些集体经营的农业搞得很成功的典型。但这种成功主要是劳动力转移和农业资本装备水平提高的结果，而不是突破家庭经营这一资产运作层次的结果。换言之，在这种情形下无须突破家庭经营就能获得成功。国营机械化农场内采用家庭农场形式获得成功就是例子。

② 在我国，往往把合作经济与集体经济看作是一个概念的不同表述，为了避免理解上的歧义，我们定义在合作经济中，家庭或个人是一个独立的资产运作层次，而在集体经济中，家庭或个人则不是一个独立的资产运作层次。

要素，而且是决策者和劳动成果的直接受益者，所以没有因劳动激励不足引起的损失。其二，在形成获得规模经济所需的交易活动规模方面，从表面上看，集体经济似乎要强一些，但实际上并非一定如此。因为借助于集体经济这样的组织形式追求具有第四种含义的规模经济，其作用是非常有限的，通过扩大集体经济的规模来克服这种有限性，又是不现实的。在20世纪60年代，我国将以大队为主二级所有的集体经济模式改为以生产队为主三级所有的集体经济模式，一举扭转了极为被动的局面，实际上说明了扩大集体经济不是追求第四种含义的规模经济的正确选择。相反，建立在家庭经营基础上的合作经济看上去似乎不如集体经济那样便于采取统一的行动，但实际上并非如此，因为这种合作的目标极其明确，即借助于合作获得依靠家庭经营无法得到或使自己一定量的投入获得更多的效益，所以只要存在着这种规模经济的可能性，农户们就愿意通过合作去共同分享，因而它的合作范围及内容都是很广阔的。其三，集体经济的产权模糊性远比合作经济的范围大、程度高，而且农户进出组织的自由度远低于合作经济，所以无论在近期选择的准确性方面、长期安排的适宜性方面，还是在纠正欠稳妥的行动方案的及时性方面，都不及合作经济。由于在这三个方面集体经济与合作经济都有较大的差别，所以它们产生了迥然不同的后果。当然，集体经济与合作经济是有许多共同之处的，我们无法对它们作泾渭分明的区别，但有一点区别是显著的，即集体经济是建立在否定家庭经营这一资产运作层次基础上的经济合作，而合作经济是建立在肯定家庭经营这一资产运作层次基础上的经济合作。换言之，如果说集体经济强调的是多层次合作以集体经营为基础，则合作经济强调的是多层次合作以家庭经营为基础。

在农业发展阶段的转化过程中强调合作经济，是极为重要的一个方面。因为在该过程中，国家的财力是极其有限的，无论是中央政府还是地方政府(少数率先发达起来的地区除外)，都不可能拿出巨额资金去为农户创造获取第四种含义的规模经济所需的全部条件。农户又无法独自创造这一条件，更为准确地说，即便在某些方面农户有能力创造这样的条件,也会因为其效果具有外溢性而不愿付诸努力。所以必须借助于经济合作来形成这样的条件,从而使大家共同分享规模经济。

超越家庭经营的经济合作几乎从家庭联产承包责任制刚实行时就萌生了,如合作购买耕畜和机械。不过这种经济合作是以初级的社会关系网络为依托的,它只能解决低层次的规模经济分享问题。由于这样的经济合作通常是不长久的,所以不能希冀它的不断发育来逐渐解决中、高层次的规模经济分享问题,如较大范围内的水利设施建设、交通设施建设,等等。一般来说,解决中层次的规模经济分享问题,建立规模相应的合作经济组织就可以了。所谓规模相应,是指规模经济的外部性正好被合作经济组织的成员所利用,不发生外溢现象。当然,在农业中普遍存在着第四种含义的规模经济,且农户们了解开展合作可分享这种规模经济是一回事,形成能获取这种规模经济的合作经济组织是另一回事。这就是说,要形成具有内聚力的合作经济组织是需要一定条件的。概括地说:首先,政府在政策上要给予支持;其次,要确保每一个参加者所获得的合作效益大于参与合作的机会成本;第三,允许参与者有退出的权利;[①]第四,合作经济组织有清除侵权者的权利。我们认为,如果正确把握住以上四个方面,这样的合作经济组织是一定能够发育起来的。

最后需要指出,对于高层次的规模经济分享问题,仅靠合作经济组织或合作经济组织联合会的努力是不够的,政府必须给予适当的配合。所谓高层次的规模经济分享问题,是指那些建设周期长、投资大,使用的不可分割性十分突出,且在较大的地域范围内发挥作用的基础设施建设问题,如"三北"防护林体系。这类基础设施最为突出的特点是外部性大,难以量度它的外溢范围及其程度。对于这种农业基础设施,通常应由政府出面组织并承担相当一部分投资的责任。政府对农

① 这是仅就诱致性制度变迁而言的。对不参加也能获得外溢效益的情形,为避免免费搭车,必须采取强制手段,而不赋予退出权利。

业的投入,首先应该是对这部分基础设施的投入。

综上所述,坚持家庭经营这一资产运作层次,在此基础上广泛开展各种有效的经济合作,同时政府给予积极的配合,就可以较为充分地利用转化中农业所存在的各种规模经济的可能性。

(三)转化中农业的市场发育

考察我国原有的农业经济体制的成因可以发现这样一条线索:国家为了推行赶超"资本主义经济"的经济发展战略,采取了设置工农业产品价格剪刀差来集中农业剩余的办法。在实践中为了确保这种办法奏效,先后推行了农产品统派购政策和建立受国家控制的农村经济组织——人民公社的做法。前者形成了原有农业经济体制中的流通体制,后者则形成了原有农业经济体制中的生产、经营体制。顺着这条线索分析可以发现:无论是设置工农业产品价格剪刀差,还是推行农产品统派购政策和人民公社制度,都是逆市场机制而动的。这个共性表明,原有农业经济体制的本质是反市场的。坚持这种反市场的体制所付出的代价是高昂的。

诚然,改革原有的农业经济体制,进行农业发展阶段的转化,决不是借助于市场机制就能奏效的,所以我们不应把尚未推行过的市场化描写得尽善尽美,把推行过的计划化说得一无是处,更不能走上反计划的另一个极端。正确的选择是把计划与市场很好地结合起来,利用它们之间的最优耦合,即该利用计划的地方用计划,该利用市场的地方用市场,来加快我国农业的转化。几十年来我国对计划研究颇多,而对市场的研究则相对不足,鉴于这种情况,我们仅对转化中农业的市场发育作一粗浅的论述。

我们认为,发育市场和根本改变反市场的政策环境,是同一个问题的两个方面。若不改变反市场的政策环境,市场是发育不起来的;若愿意根本改变反市场的政策环境却不愿意借助于市场发育来利用市场,则会因为市场未对经济运行产生影响而无法真正消除反市场的政策环境。所以正确的选择是改变反市场的政策环境与发育市场一起抓。一方面逐步摒弃扭曲农业生产要素和农产品价格的政策,一方面培育要素和产品市场，利用市场机制反映要素和产品的稀缺程度,使稀缺的要素得到更为充分的利用，并有效制止各种浪费农产品的行为。当然,其间还要采取一系列过渡性政策,以确保计划运作和市场运作相协调,市场开放与市场发育相协调。

我们认为，在市场发育方面大致可以循着这样一个顺序进行操作。第一,约束政府强制性干预的权利,并逐步把强制性干预转化为诱致性干预。比如农产品收购政策就应该实行这样的转变。毫无疑问,为了确保城镇居民的基本生活需求和物价相对稳定，在市场开放之初,即刻取消国家的农产品收购政策显然是不现实的,只能采取逐步过渡的办法。具体设想如下:在较长的一段时间内实行固定收购量并逐步调高收购价的做法,直至消除农产品收购价与市场价的差价,然后将固定收购量转化为期货交易量,从而完成由强制性的收购政策到诱致性的期货交易政策的转变。规定农产品固定收购量的原则是管吃饱穿暖不管吃好穿好。把握住这一点很重要,因为只有这样,才有可能实现人口增长引起需求增加和生活水平提高引起的这类产品需求减少之间的大致平衡,从而使固定收购量能够在较长一段时间内与基本生存需求量保持大体的一致。第二,开放农产品市场。其目的是,一方面促使农户根据市场信息更好地配置自己所能支配的资源,将比较优势更充分地发挥出来,从而获得更多的收益。另一方面,使城镇居民把改善生活建立在工薪增长的基础上,而不是建立在进一步压制农业或增加消费补贴的基础上。当然,这需要有取消城镇居民消费补贴与物价挂钩的改革措施给予配合。第三,开放要素市场。开放要素市场是推进农业转化极为重要的一个方面,因为要素价格扭曲,同样会妨碍农业转化道路的正确选择。要素市场包括资金市场、劳动力市场、土地市场和生产资料市场,等等。开放资金市场和劳动力市场对推进农业转化的影响是非常明显的，但必须要有相应的政策加以配套方能趋利避害。比如在开放资金市场的同时,要建立起政府的农业基金制度和农业合作经济组织或农户的农业发展基金制度；在开放劳动力市场的同时,要建立起劳动力管理制度和市场劳动力需求信息及时公开制度。关于土地市场发育,我们的设想是:第一,明确宣布今后不再采用行政办法重新分配土地经营权,并将现有的土地联产承包合同改为土地经营证,并允许土地经营证流转。第二,建立土地经营证流转管理机构,确保土地经营证流转的有效性。该机构主要承担以下几项工作:公证。确保土地经营证流转具有法律效力。资格审查。确保土地经营证流转到既希望得到土地,又能提高或至少不降低土地生产力的务农者的手中。对此,可设置一系列指标来评价、甄别土地经营权需求者。征收土地经营证流转税。为了使土地经营证流转有助于实现土地规模经营,并有效地制止将获取土地经营证当作资产保值、增值手段却不耕种或不好好耕种的现象,对土地经营证获得者实行累进型的固定税制,以制止某些农户获取力所不能及的土地经营权糟蹋土地生产力。第三,按土地的等级和面积征税,以制止土地撂荒和优地劣用的现象发生,促进土地利用和土地经营权流转。关于开放农用生产资料市场是个有争议的问题。我们认为,如果只分析农用生产资料价格,开放市场对农业生产确实是有影响的。但是将它与开放农产品市场联系在一起分析,情况就不一样了,因为农户是根据农产品价格的市场预期来判定自己可接受的生产资料价格的,如果农用生产资料价格太高,需求将大幅度下降,在这种情形下农用生产资料供给者是不敢等闲视之的,因为产品积压对供给者造成的损失将随着积压期延长而越来越大,所以他们将不得不降低价格,直至农户可接受的价格,从而达到供需平衡。因此,只要开放农产品市场,就大可不必担心开放农用生产资料市场对农业的冲击。事实也正是如此,在现实中农民购买的生产资料大部分是按市价支付的,包括一部分按政策规定应为低价的生产资料,也因层层加价,以市价到达农民手中了。从总体上看,农用生产资料并没有因为价格问题出现大量积压的情况(劣质品除外),供给不足却较为普遍。由此可见,如果农业有问题,主要原因决不是农用生产资料价格高,所以用控制农用生产资料价格的办法解决问题,并没有抓住农业问题的症结所在。总之,开放要素市场是有利于促进农业发展的,如果说它有利也有弊,那么它的利弊决不是等量齐观的。当然,开放要素市场也需要配套政策，这就是增加供给的政策，使供给与需求大致保持平衡。而要真正做到这一点，没有切合实际的计划安排是无法奏效的。

综上所述，在坚持以计划经济为主的前提下，搞好计划运作与市场运作的最佳耦合，使市场机制为我国农业转化作出贡献，是不可忽视的方面。从总体上看，市场发育是有利于农业转型的，但为避免市场机制的不利影响，又需要采取相应的配套政策。

自述之三

传统农业改造是农业经济学家关注的重大现实问题之一。作为有幸生活在中国传统农业快速改造时代的经济学家，将这个过程准确地刻画出来是义不容辞的责任。关于中国农业发展，我做了三方面的研究，分别探讨如何改造中国传统农业、如何度量中国农业增长和如何评估中国农业转型这三个主题。其中，《论我国农业由传统方式向现代方式的转化》这篇文章论述的主题是如何更快和更好地改造传统农业。文章的主要内容是：

农民作为“经济理性”人，会通过收益和成本的比较，筛选出适宜的制度和技术。农民作为“经济理性”有限的人，需要政府引导，但政府的主要责任是为农民的创新和选择提供外部条件。政府要防范因信息有限导致的不当干预，要防范少数与政府关系密切、谈判能力强的利益集团的影响。

耕地生产力与人均耕地面积具有显著的负相关性。与人均耕地面积相近的国家相比，中国的土地生产率仅高于印尼，且差距不大；低于日本、朝鲜、埃及、意大利、荷兰、联邦德国、英国等其他7个国家。我国实际耕地面积大于统计耕地面积，按实际耕地面积计算的土地生产率还要低一些。中国最稀缺的是农地，应以土地利用效率为中心配置农业要素。要在用好厩肥、绿肥等农家肥的基础上发挥化肥的作用，提高化肥与农家肥的互补性。率先发达的地区可以采用机械替代劳动的做法，也可以采用引入欠发达地区农业劳动力的做法。调控农产品和农用生产资料价格，并没有抓住农业问题的症结所在。

家庭经营是农业中的典型经营形式，它的土地经营规模有较大的包容量，所以不宜将家庭经营同小生产画等号。然而，家庭经营并不是唯一的农业经营层次。无论是农业基础设施建设和维护还是生产要素购买和农产品销售，都应在坚持家庭经营的前提下开展农户合作。家庭经营基础上的农户合作在实行家庭承包制之初就萌生了，如合作购买耕畜和机械,但这种以初级社会关系网络为依托的农户合作只能实现低层次的规模经济分享。要分享中层次的规模经济,就要建立适度的合作经济组织。所谓适度,是指参与者获得的规模经济的外部效益大于其参与合作的机会成本。高层次的规模经济,如建设周期长、投资大、不可分割性强的农业基础设施,应由政府出面组织并承担主要的投资责任。

发育市场是为了使价格反映农产品和要素的稀缺性,进而使它们得到更合理的利用。市场发育的操作顺序是:第一,约束政府强制性干预的权力,并把强制性干预转化为诱致性干预。第二,开放农产品市场,促使农户根据市场信息优化资源配置,通过发挥比较优势获得更多的收益。第三,开放要素市场。其中,发育土地市场的设想是:(1)明确宣布今后不再采用行政办法重新分配土地承包权,并将现有的土地联产承包合同改为土地经营证,且允许土地流转。(2)建立土地流转管理机构,确保土地流转的有效性。该机构的主要职责是:公证,确保土地流转具有法律效力;资格审查,确保土地流转到既希望得到土地又能提高土地生产力的务农者的手中。(3)按土地的等级和面积征税,以制止土地撂荒和优地劣用等行为。

1985~2010年中国农业生产率的增长*

一、引言

中国农业如何才能保证持续健康地增长，一直是决策者和学者关注的问题。20世纪70年代末开始的中国农村改革，不但解决了困扰中国的粮食短缺问题，而且对国家的经济体制改革产生了深刻影响。然而，随着工业化和城市化进程的加快，农业资源不断流向非农产业，农业保持增长的压力越来越大，全社会对农业能否保持稳定增长的担忧也日益加剧。普遍认为，粗放的增长方式已经成为中国农业持续、健康、稳定发展的主要障碍，转变农业增长方式势在必行。所谓转变农业增长方式，就是将农业增长的源泉由依靠物质投入转为依靠提高全要素生产率。因此，准确地评价全要素生产率对农业增长的贡献率的变化趋势，对于制定今后的农业发展战略，具有极为重要的现实意义。

一般认为，中国的农业增长源于投入增加、技术进步和制度创新。其中，制度创新对农业增长的贡献，主要体现在农村改革初期。Lin（1992）的研究表明，1980~1984年间的农业增长中有40%左右是由家庭承包制改革做出的贡献，这一结论得到了其他研究的支持（例如，Mcmillan et al.，1989；Wen，1993；Fan and Zhang，2002）。家庭承包制对农业增长的突出贡献随着1984年家庭承包制的普遍推广而得到了充分释放，随后，农业进入了对价格和要素投入的反应变得更加敏感的常态增长阶段（蔡昉等，2008），也就是说，家庭承包责任制在全国普及后，技术进步成为促进农业增长的主要因素（Huang and Rozelle，1996；Fan and Pardey，1997）。然而，学者们对这一判断并没有取得共识。顾焕章等（1994）、张元红（1996）、朱希刚（1997）、吴方卫（2000）、张浩和

* 本文原题目为 Productivity Growth in China's Agriculture during 1985~2010，发表于《Journal of Integrative Agriculture（JIA）》2013年第10期。合作者为张海鹏研究员。

陈昭(2008)等的研究结果表明,改革以来,农业增长仍然依靠生产要素投入,不过,农业全要素生产率对农业增长的贡献逐步提高。乔榛等(2006)通过对1978~2004年不同阶段内农村土地制度和价格、财税制度变化影响农业增长情况的分析,得出了制度变迁依然是中国改革开放后农业增长的决定性因素。即家庭承包制的作用充分释放后,继起的各种农业制度创新仍然对农业增长发挥着巨大的作用。辛翔飞和秦富(2005)的研究结论是,从20世纪80年代末到2003年,全要素生产率对农业增长的贡献率为45.6%。周端明(2009)的研究结论是,在1978~2005年期间,全要素生产率对农业增长的贡献率为51.24%。赵文和程杰(2011)在修正投入和产出数据的基础上,得出了2001年以来全要素生产率提高对农业增长的贡献开始超过综合投入增加的贡献。

1996~2003年间,中国农业增长处于低迷阶段,2004年至今,农业增长态势明显改善,粮食产量出现了持续增长的局面。

本文通过收集1985~2010年的省级农业投入产出数据,分析该阶段农业增长的路径和影响中国农业增长的因素,期望研究结论能为制定中国农业发展长期政策提供支持。

本文的其余部分组织如下:第二部分介绍方法、模型选择和数据处理。第三部分分析农业增长的来源。第四部分分析农业全要素生产率增长。最后是结论。

二、方法、模型选择及数据处理

理论上来讲,农业增长的直接源泉包括两个部分:要素投入的增加和要素生产率的提高。由于单要素生产率反映的投入产出效率容易产生误导,因此研究者一般采用全要素生产率衡量农业产出效率。索洛将技术进步纳入生产函数中,并建立了可计量的生产率增长模型,使人们从数量上分析产出增长率、全要素生产率增长率和各投入要素增长率之间的关系成为可能。根据索洛模型,全要素生产率增长率被定义为产出增长率扣除各生产要素增长率的剩余部分,因此也被称为

“索洛余值”。由于索洛模型将产出增长扣除要素投入增长后的所有因素都归入到余值当中,因此,余值中除了技术进步以外,还包括制度因素,以及气候等其他因素的影响。

为了分析各要素在农业增长中的作用，本文采用Griliches(1963)提出的方法来构建农业生产函数。本文选定的农业生产函数为Cobb-Douglas函数的对数线性形式，其相应的计量模型为:$\ln Y=constant+\alpha_1\ln land+\alpha_2\ln labor+\alpha_3\ln fert+\alpha_4 power+\alpha_i T_i+\varepsilon$。计量模型中,$Y$为农业的总产出水平。$land$、$labor$、$fert$、$power$分别表示土地、劳动力、化肥和机械的投入量,$constant$为索洛余值,$T_i$为时间趋势,$\varepsilon$则表示模型的随机扰动项。

本文主要考察中国农业增长的长期路径,并且相信承包责任制对农业增长的贡献在1984年就得到了充分释放，所以使用的数据始于1985年,数据截至2010年。数据均来自国家统计局编的《中国统计年鉴》《中国农业统计年鉴》《新中国农业60年统计资料》。该阶段中国的行政区划有所调整,为了保证各年度分析单位的一致性,考虑到数据的不可得性和不可分性,我们按原有行政区划中的28个省对有关新数据进行归并,而不是按现有行政区划对老数据进行拆分。[①]其中,农业产出采用的是农林牧渔业总产值(单位:亿元),为了使各年度的产值具有可比性,各年份的产值以1980年为基期进行了平减。土地投入采用的是各省的作物播种面积(单位:千公顷);劳动力投入采用的是各省农林牧渔业从业人员(单位:万人);资本投入采用农业机械总动力(单位:万千瓦);化肥施用量采用的是折纯量(单位:万吨)。

三、要素投入增加对中国农业增长的分析

这部分考察各种要素投入增加对农业增长的贡献。考察的内容既包括要素投入贡献的总额,也包括各种要素各自贡献的份额。全国和

---

① 西藏自治区的数据缺失严重,未作考虑。重庆市和四川省归并为四川省,海南省和广东省归并为广东省,因此,研究样本是28个省。

分区域的各要素投入对农业增长的贡献的计算结果见表1。

表1 各要素对农业增长的贡献(1985~2010年)

		农业总产值	机械	化肥	劳动力	土地	余值
全国	估计系数(1)	6.881	0.070**	0.530***	0.310***	-0.011**	59.398
	t 检验		(2.251)	(16.537)	(9.327)	-2.569	
	解释变量变化		6.144	4.642	-0.295	0.450	
	增长贡献(2)		0.893	0.675	-0.043	0.065	
	(3)=(1)×(2)		6.250	35.752	-1.328	-0.072	
粮食主产区	估计系数(1)	6.947	0.098	0.323***	0.559***	-0.165***	73.416
	t 检验		0.710	4.620	13.670	-2.987	
	解释变量变化		6.665	4.566	-0.37	0.451	
	增长贡献(2)		0.959	0.657	-0.053	0.065	
	(3)=(1)×(2)		9.398	21.221	-2.963	-1.073	
非粮食主产区	估计系数(1)	6.599	0.02	0.742***	0.422***	-0.469***	47.689
	t 检验		(0.429)	(17.864)	(7.935)	(-5.919)	
	解释变量变化		5.022	4.79	0.011	0.444	
	增长贡献(2)		0.761	0.726	0.002	0.067	
	(3)=(1)×(2)		1.522	53.878	0.067	-3.156	
东部地区	估计系数(1)	6.248	0.087***	0.572***	0.240***	0.648***	69.224
	t 检验		(8.462)	(3.191)	(3.424)	(5.927)	
	解释变量变化		5.329	3.674	-1.019	-0.435	
	增长贡献(2)		0.853	0.556	-0.163	-0.070	
	(3)=(1)×(2)		7.421	31.803	-3.912	-4.536	
中部地区	估计系数(1)	6.972	0.117*	0.401***	0.399***	0.140*	56.897
	t 检验		(1.774)	(5.914)	(7.309)	(1.886)	
	解释变量变化		6.725	5.150	0.029	0.691	
	增长贡献(2)		0.979	0.750	0.004	0.101	
	(3)=(1)×(2)		11.454	30.075	0.160	1.414	
西部地区	估计系数(1)	6.715	0.059***	0.476**	0.534***	0.017	54.868
	t 检验		(3.318)	(2.062)	(10.288)	(0.136)	
	解释变量变化		6.585	5.539	-0.018	0.927	
	增长贡献(2)		0.981	0.825	-0.003	0.138	
	(3)=(1)×(2)		5.788	39.270	-0.160	0.235	

注:①本文的估计系数是采用OLS方法得出的结果。*p<0.1,**p<0.05,***p<0.01.

②粮食主产区包括:辽宁、吉林、黑龙江、内蒙古、河北、山东、江西、湖北、湖南、安徽、河南、江苏、四川。

③东部地区包括:北京、天津、河北、辽宁、上海、江苏、浙江、福建、山东、广东、海南;中部地区包括:山西、内蒙古、吉林、黑龙江、安徽、江西、河南、湖北、湖南;西部地区包括:重庆、四川、广西、贵州、云南、西藏、陕西、甘肃、青海、宁夏、新疆。

从表1可以看出，1985~2010年间，要素投入增加对农业增长的贡献已经降至40.6%，这意味着中国农业已经开始摆脱主要依靠投入增加推动的增长模式，农业增长质量明显改善。辛翔飞和秦富（2005）计算的1988~2003年间要素投入贡献为54.4%，这表明2004~2010年间农业要素投入增加对农业增长的作用进一步下降。粮食主产区农业要素投入增加对农业增长的贡献降至26.6%；非粮食主产区的农业要素投入增加对农业增长的贡献为53%，依然较高。这表明，粮食主产区的农业与非粮食主产区的农业相比，具有更高的水平。从区域层面来看，东、中、西部地区的农业要素投入增加对农业增长的贡献有递增的趋势。这种区域经济发展水平越高，农业增长对农业要素投入增加的依赖性越低的趋势，使我们对保障粮食安全有了一定的信心。不过，三大区域的农业要素投入增加对农业增长的贡献都已经低于50%，农业增长方式均已经发生了改变。

1985~2010年间，各种要素投入中化肥投入对农业增长的贡献最大。从全国来看，化肥投入增加对农业增长的贡献达到了35.75%，占要素投入增加对农业增长贡献的近90%。粮食主产区化肥投入增加对农业增长的贡献为21.22%，低于全国平均水平；非粮食主产区化肥投入增加对农业增长的贡献为53.88%，是该区域农业增长的首要因素。东、中、西部化肥投入增加对农业增长的贡献分别为31.80%、30.08%、39.27%。区域的经济发展水平越高，农业增长对化肥的依赖性越低的趋势，使我们对提高农业增长质量有了一定的信心。

在很长的时间里，中国农业劳动力都是非常充裕的，机械的替代作用难以发挥出来。因此，1985~2010年间机械投入对农业增长的贡献只有6.25%。粮食主产区机械投入增加对农业增长的贡献约为9.40%，高于全国平均水平；非粮食主产区的这一比例为1.52%，对农业增长的贡献微乎其微。东、中、西部机械投入增加对农业增长的贡献分别为7.42%、11.45%和5.79%，机械投入对中部地区农业增长的贡献相对较高。

1985~2010年，土地和劳动力对农业增长的贡献均为负。中国农地面积减少是生态建设(退耕还林、退田还湖)和工业化、城镇化双重影响的结果,农业劳动力的减少是非农就业机会增多和机械、化学品对劳动力替代的结果。

四、中国农业全要素生产率增长分析

本文对农业全要素生产率(TFP)的研究,主要集中在农业全要素生产率变化与地区差距,以及全要素生产率增长的影响因素上。本文采用非参数DEA-Malmquist指数方法,计算了1985~2010年中国农业全要素生产率增长、效率变化和技术进步率;在此基础上构造趋同效应指数,对中国地区间农业增长的趋势和原因进行了分析。

实证研究结果表明,1985~2010年中国农业全要素生产率的增长具有以下几个特征:

(一)全要素生产率的增长显著依赖于技术进步

在1985~2010年期间,中国农业全要素生产率的年均增长率①为3.8%;其中,农业技术进步是正增长,年均增长率②为5.1%;农业技术效率是负增长,年均增长率③为-1.2%。技术进步有力地推动了中国农业全要素生产率的增长;而技术效率的下降抵消了农业技术水平提高的部分效果。

我们把1985~2010年分为1985~1989年、1990~1995年、1996~2003年和2004~2010年四个阶段。这四个阶段的农业技术进步指数分别为1.058、1.077、1.015和1.066,四个阶段的技术进步指数均大于1,表明农业技术是不断进步的。这四个阶段的技术效率指数分别为0.983、0.988、0.987和0.993,四个阶段的技术效率指数均小于1,表明农业技术效率是不断下降的。无论是粮食主产区、非粮食主产区还是东部、中部

---

① 全要素生产率年均增长率=(全要素生产率的变化-1)×100。

② 技术进步年均增长率=(技术进步-1)×100。

③ 技术效率的年均增长率=(技术效率的变化-1)×100。

和西部,无论是1985~2010年期间还是四个阶段,农业全要素生产率的增长都主要来自技术进步。由此表明,中国农业全要素生产率的增长属于技术诱导型的增长(见表2)。

表2　中国农业TFP增长率及其分解(1985~2010年)

年份	技术效率变动	技术进步	TFP变动	年份	技术效率变动	技术进步	TFP变动
1986/1985	0.964	1.086	1.048	2001/2000	0.986	1.027	1.012
1987/1986	0.997	1.000	0.996	2002/2001	1.006	0.990	0.996
1988/1987	0.978	1.077	1.053	2003/2002	0.976	1.092	1.066
1989/1988	1.008	1.039	1.047	2004/2003	0.997	1.125	1.122
1990/1989	1.007	1.025	1.033	2005/2004	0.970	1.055	1.023
1991/1990	0.972	1.014	0.986	2006/2005	1.208	1.050	1.269
1992/1991	0.939	1.052	0.987	2007/2006	0.808	1.074	0.868
1993/1992	0.988	1.165	1.150	2008/2007	0.997	1.103	1.100
1994/1993	0.979	1.120	1.097	2009/2008	1.021	1.030	1.052
1995/1994	1.047	1.096	1.147	2010/2009	0.992	1.028	1.020
1996/1995	0.989	1.061	1.049	1989/1985	0.983	1.058	1.036
1997/1996	0.954	1.030	0.982	1995/1990	0.988	1.077	1.064
1998/1997	0.992	0.952	0.944	2003/1996	0.987	1.015	1.001
1999/1998	1.025	0.970	0.994	2010/2004	0.993	1.066	1.059
2000/1999	0.966	1.008	0.973	2010/1985	0.988	1.051	1.038

注:全国指数通过各省指数的几何平均得到。

1985~2010年期间，只有1989年、1990年、1995年和2006年既有技术进步又有技术效率提高。农业技术进步与农业技术效率下降交织在一起,一方面表明中国的农业技术进步较快,另一方面表明农业技术推广方式还难以满足农民的各种技术需求。中国已经建立了拥有618万研究人员、庞大的、学科分类齐全的农业公共科研体系,极大地推动了农业技术创新(黄季焜,2010)。然而,农业技术推广方式仍停留在计划经济时代,不太注重推广农业技术与增加农民收入相结合(黄季焜等,2009)。这些问题导致技术效率难以提高。

（二）全要素生产率增长具有显著的波动性

从总体上看，1985~2010年中国的农业全要素生产率增长有明显的波动。1995年和2006年是两个波峰，而1998年和2007年是两个波谷。

1985~1989年期间，由于家庭承包制的增长效应得到充分释放，乡镇工业的快速发展和农业劳动力外流，中国农业年均增长率为3.23%，明显低于1980~1984年。不过，该阶段农业全要素生产率年均增长率仍然达到3.6%。1992年以后，在加快市场经济体制发育和加大农业基础设施投入的共同作用下，农业生产条件有所改善，中国农业增长又回到较高水平上。1990~1995年期间，中国农业年均增长率为7.45%，比前一期提高4.12个百分点，是1985年以来增长最快的时期。该阶段农业全要素生产率年均增长率为6.4%，也是研究期间内全要素生产率增长最快的时期。1996~2003年期间，中国农业年均增长率为4.87%，比前一期下降2.58个百分点，尤其是1998~2003年，中国粮食产量连续5年下滑。这一时期，受技术效率降低和农业科技进步减速的双重影响，农业全要素生产率明显下降，年均增长率只有1%。为了促进农业发展，中国从2004年起全面取消了农业税，出台了良种补贴、粮食直补、大型农机具购置补贴、农资综合补贴等政策，在这一系列措施的共同作用下，中国出现了粮食产量9连增的局面。2004~2010年，中国农业年均增长率达到5.58%，比上一期提高0.71个百分点，农业全要素生产率年均增长率回升到5.9%。其中，农业技术年均增长率为6.6%，农业技术效率年均增长率为-0.7%。

（三）全要素生产率增长具有显著的地区不平衡

无论是1985~2010年期间还是四个子时间段，粮食主产区、非粮食主产区和东部地区、中部地区、西部地区的农业全要素生产率的增长均存在差距（见表3）。1985~2010年期间，粮食主产区的农业全要素生产率的年均增长率①为3.9%，非粮食主产区的农业全要素生产率的年均增长率为3.6%。东部地区的农业全要素生产率的年均增长率为

① 全要素生产率年均增长率=(TFP 变动-1)×100。

4.5%，中部地区为3.4%，西部地区为3.0%。

表3　中国分区域不同时期的农业TFP及分解（1985～2010年）

		1989/1985	1995/1990	2003/1996	2010/2004	2010/1985
粮食主产区	技术效率变动	0.981	0.981	0.978	0.999	0.985
	技术进步	1.082	1.101	1.011	1.061	1.058
	TFP 变动	1.048	1.080	0.989	1.060	1.039
非粮食主产区	技术效率变动	0.986	0.997	0.997	0.987	0.992
	技术进步	1.057	1.050	1.008	1.073	1.044
	TFP 变动	1.042	1.047	1.005	1.058	1.036
东部地区	技术效率变动	0.996	1.001	0.990	0.994	0.995
	技术进步	1.046	1.083	1.029	1.056	1.052
	TFP 变动	1.035	1.084	1.018	1.050	1.045
中部地区	技术效率变动	0.982	0.990	0.993	0.988	0.989
	技术进步	1.044	1.082	1.007	1.060	1.045
	TFP 变动	1.024	1.072	1.000	1.047	1.034
西部地区	技术效率变动	0.971	0.972	0.977	0.998	0.980
	技术进步	1.055	1.106	1.010	1.043	1.049
	TFP 变动	1.033	1.075	0.987	1.041	1.030

为了分析区域间农业全要素生产率的趋同效应，本文构建了趋同效应指数。趋同效应指数可以定义为非粮食主产区农业全要素生产率增长率与粮食主产区农业全要素生产率增长率之差，或中西部平均农业全要素生产率增长率与东部农业全要素生产率增长率之差（章祥荪和贵斌威，2008）。导致趋同效应的因素除了技术效率改进之外，还包括技术进步差异等。

总体来看，1985年以来中国东、中、西部区域间出现了趋同效应，总体趋同效应指数为0.384%（见表4），区域不平衡有缩小的趋势。然而，从20世纪90年代起，趋同效应有减弱的趋势，1990~1995年间的趋同效应指数为3.099%，2004~2010年间的趋同效应指数为-1.012%。粮食主产区和非粮食主产区之间没有出现趋同效应，总体趋同效应指数为-0.374%。不过，1996~2003年间出现了趋同效应。这一时期的趋同效应，主要缘于粮食主产区生产技术水平效率下降，而非粮食主产区基本保持了前期的生产技术效率水平。

表4　不同时期趋同效应指数(1985~2010年)　　(单位:%)

	1989/1985	1995/1990	2003/1996	2004/2010	2010/1985
东部与中西部	-1.243	3.099	0.414	-1.012	0.384
粮食主产区与非粮食主产区	-0.665	-3.266	1.588	-0.116	-0.374

(四)全要素生产率增长率的各省位次具有显著的变化

表5给出了中国各省(直辖市、自治区)在四个子时期的农业全要素生产率的增长率。从中可以看到,在四个子时期,各省全要素生产率增长率的位次有显著的变化。除了上海的农业全要素生产率增长率的位次始终保持第一外,其余省份的位次或多或少都有变化。其中,位次上升5个以上的是广西(14)①、甘肃(13)、陕西(11)、宁夏(10)、江苏(10名),它们大多是西部地区的省份;位次下降5个以上的是北京(18)、湖北(13)、天津(11)、四川(10)、辽宁(9)和河北(9),它们大多是东部省份。

表5　各省TFP增长率变动及位次(1985~2010年)

省份	1989/1985		1995/1990		2003/1996		2004/2010		2010/1985	
北京	1.103	3	1.061	18	1.024	2	1.025	21	1.045	6
天津	1.056	13	1.005	28	0.961	17	1.011	24	1.000	27
河北	1.072	8	1.083	14	0.977	8	1.044	17	1.036	13
辽宁	1.075	7	1.092	10	0.982	7	1.044	16	1.040	9
山东	1.043	14	1.071	15	0.997	5	1.060	10	1.039	11
江苏	1.065	12	1.102	5	0.976	10	1.107	2	1.056	2
浙江	1.075	6	1.110	4	0.992	6	1.049	14	1.049	4
上海	1.167	1	1.154	1	1.033	1	1.092	1	1.099	1
福建	1.070	9	1.085	13	1.000	4	1.073	6	1.052	3

① 括号内为位次变化最大的两个子时期的位次变化数。

续表

省份	1989/1985		1995/1990		2003/1996		2004/2010		2010/1985	
广东	1.103	4	1.061	19	0.968	15	1.071	8	1.039	10
安徽	1.037	20	1.058	21	0.946	26	1.056	11	1.017	21
河南	1.039	18	1.039	25	0.970	14	1.066	9	1.024	17
黑龙江	0.991	27	1.089	11	0.951	23	1.002	27	1.004	25
吉林	1.016	23	1.118	3	0.955	22	1.021	22	1.021	18
湖北	1.069	10	1.099	7	0.958	19	1.019	23	1.025	16
湖南	1.079	5	1.095	8	0.974	12	1.073	7	1.046	5
江西	1.014	25	1.124	2	0.975	11	1.036	20	1.033	14
山西	1.066	11	1.061	20	0.977	9	1.073	5	1.037	12
内蒙古	1.027	21	1.027	27	0.948	25	0.999	28	0.993	28
广西	1.041	17	1.044	23	0.935	28	1.084	3	1.018	20
贵州	1.041	16	1.043	24	0.950	24	1.041	19	1.012	23
云南	1.037	19	1.066	17	0.956	21	1.008	26	1.009	24
四川	1.113	2	1.088	12	0.972	13	1.055	12	1.044	7
陕西	1.042	15	1.049	22	0.957	20	1.080	4	1.026	15
甘肃	1.006	26	1.094	9	0.943	27	1.052	13	1.018	19
宁夏	0.985	28	1.068	16	0.961	18	1.043	18	1.013	22
青海	1.018	22	1.100	6	1.014	3	1.048	15	1.044	8
新疆	1.016	24	1.034	26	0.968	16	1.009	25	1.003	26

(五)农业全要素生产率增长成为农业增长的主要来源

全要素生产率对产出增长的贡献可以用全要素生产率增长和产出增长率的比率来衡量(费德里科,2011)。1985~2010年,中国农业全要素生产率的年均增长率为3.8%。同期,中国农业总产值的年均增长率大约为6.9%。这说明,1985~2010年期间,中国农业产出增长中大约55.2%是全要素生产率水平提高的结果。由此可见,该阶段的中国农业已经开始摆脱主要依靠增加生产要素投入推动增长的模式。

五、主要结论

综上所述,本文的主要结论是:

第一,1985~2010年间,中国农业要素投入增加对农业增长的贡献降至40.6%,粮食主产区农业要素投入增加对农业增长的贡献降至26.6%,但非粮食主产区的农业要素投入增加对农业增长的贡献依然高达53%。东、中、西部地区的农业要素投入增加对农业增长的贡献都已经低于50%。中国农业产出增长中大约55.2%是全要素生产率水平提高的结果,这意味着中国农业已经开始摆脱主要依靠投入增加推动增长的模式。为了推动未来中国农业全要素生产率的增长,应对非粮食主产区给予更多的援助。

第二,1985~2010年间,各种要素投入中化肥投入对农业增长的贡献最大,机械投入对农业增长的贡献为正,但不是很大,土地和劳动力投入对农业增长的贡献为负值。

第三,1985~2010年间,中国农业全要素生产率的增长呈现出明显的波动,波动与农业政策变化紧紧地联结在一起。政府加大农业支持力度时,农业全要素生产率的年均增长率维持在较高水平,政府对农业缺乏支持时,农业全要素生产率的年均增长率往往较低。因此,政府支持将是未来中国农业全要素生产率增长的关键之一。

第四,1985~2010年间,中国农业全要素生产率的年均增长率为3.8%;农业技术进步的年均增长率为5.1%,农业技术效率的年均增长率则为-1.2%。这些结果表明,中国农业产出增长属于诱导技术创新类型,过去这些年的农业技术推广的方式是不成功的。所以,中国不仅要继续促进农业科技创新,还要改革农业技术推广体系,而且后一个目标比前一个目标更为重要。

第五,1985~2010年间,中国农业全要素生产率增长具有波动性大和地区之间不平衡的特征。总体来看,东、中、西三大区域出现了趋同效应,总体趋同效应指数为0.384%,区域不平衡有缩小的趋势。

参考文献

蔡昉,王德文,都阳.中国农村改革与变迁——30年历程和经验分析[M].上海:格致出版社,上海人民出版社,2008.

Fan Shenggen and Philip Pardey. Research, Productivity, and Output Growth in Chinese Agriculture[J]. Journal of Development Economics, 1997,53(1):115—137.

Fan Shenggen and Zhang Xiaobo.Production and Productivity Growth in Chinese Agriculture:New National and Regional Measures[J]. Economic Development and Cultural Change,2002,50(4):819.

Federico G. Feeding the world: an economic history of agriculture, 1800—2000[M]. Princeton: Princeton University Press, 2005.

Griliches Zvi. The Source of Measured Productivity Growth: United States Agriculture, 1940—1960 [J]. Journal of Political Economy, 1963,71:331.

顾焕章,张景顺,宋俊东,褚保金.中国农业增长的源泉与技术进步[J].农业技术经济,1994(1).

黄季焜.六十年中国农业的发展和三十年改革奇迹——制度创新、技术进步和市场改革[J].农业技术经济,2010(1).

黄季焜,胡瑞法,智华勇.基层农业技术推广体系30年发展与改革:政策评估和建议[J].农业技术经济,2009(1).

Justin Yifu Lin. Rural Reforms and Agricultural Growth in China[J]. American Economic Review, 1992,82(1): 34—51.

McMillan John, Whalley J. and Zhu L. The Impact of China's Economic Reforms on Agricultural Productivity Growth[J]. Journal of Political Economy, 1989,97.

乔榛, 焦方义, 李楠. 中国农村经济制度变迁与农业增长——对1978—2004年中国农业增长的实证分析[J].经济研究,2006(7).

Wen James. Guanzhong Total Factor Productivity Change in China's Farming Sector: 1952—1989 [J]. Economic Development and Cultural Change, 1993(42).

辛翔飞,秦富.我国农业经济增长因素分析及地区差异比较[J].新疆农垦经济,2005(12).

张浩,陈昭.中国农业经济增长的要素贡献度研究——基于分省非稳定面板的实证分析[J].南方经济,2008(1).

章祥荪,贵斌威.中国全要素生产率分析:Malmquist指数法评述与应用[J].数量经济与技术经济研究,2008(6).

张元红.改革以来中国农业的增长与要素贡献[J].中国农村经济,1996(5).

赵文,程杰.中国农业全要素生产率的重新考察——对基础数据的修正和两种方法的比较[J].中国农村经济,2011(10).

周端明.技术进步、技术效率与中国农业生产率增长——基于DEA的实证分析[J].数量经济与技术经济研究,2009(12).

朱希刚."八五"期间农业科技进步贡献率测算结果[J].经济研究参考,1997(25).

自述之四

我的农业发展研究始于20世纪80年代末。由于那时我国农业全要素生产率的年际变化还不明显，所以关注的是我国农业是否处于传统农业发展阶段的问题。具体做了两项工作：一是判定我国是否存在传统农业特有的隐蔽失业现象。在农户问卷调查中，先请农民估计各种农作物各个工序需要的用工量，然后询问他们的实际用工量。结果发现，约四百个农户估计的几种主要农作物各个工序需要的用工量非常接近，而实际用工量有较大差异。其中，有外出务工机会的中青年农民的实际用工量同需要的用工量很接近，不愿多投工当然是因为务工收入显著大于务农收入，他们不愿少投工的理由是，投工量再减少收成就无法保证了。常年在家的老年农民的实际用工量显著大于需要的用工量，他们多投工的理由是，多投工总比少投工好。根据几百个农户的作物单产相差无几的调查结果，可以做出我国农业存在隐蔽失业的现象的判断。二是利用生产函数方法和分省农业统计资料分析农业增长因素。结果表明，劳动投入对农业增长的贡献率确实越来越接近于零。据此得出当时我国农业仍然处于追求效用最大化的传统农业阶段的判断。

在农业生产函数研究中几乎没人考虑水资源的作用。鉴于农业用水占用水总量的比重显著大于耕地占已利用国土面积的比重的事实，我将水资源放入生产函数中进行农业增长因素分析。结论有二：一是水资源对农业增长的作用很大；二是它的效率损失逐渐减少，即它越来越趋近于生产可能性曲线的包络线。根据研究结果可以得出的另一个结论是，化肥对农业增长的作用也是非常显著的。化肥的大量使用，对环境造成了严重的外部不经济，但并没有对农业造成内部不经济。

基于转变农业增长方式就是将依靠增加要素投入转为依靠提高全要素生产率的认识，采用非参数DEA-Malmquist指数方法和1985~2010年中国分省农业统计数据，计算全要素生产率对农业增长的贡献率的变化。主要结论是：

1.农业全要素生产率的增长已经成为我国农业增长的主要来源。1985~2010年，中国农业全要素生产率的年均增长率为3.8%，中国农业总产值的年均增长率为6.9%，全要素生产率对该时期农业增长的贡献率约为55.2%，这意味着依靠要素投入的增长模式已经结束。

2.全要素生产率的增长依赖于技术进步。1985~2010年，农业技术进步年均增长率为5.1%；农业技术效率年均增长率为-1.2%。前者推动了农业全要素生产率的增长；而后者则抵消了农业技术水平提高的部分效果。这意味着今后不仅要继续促进农业技术创新，还要改革农业技术推广体系。

3.全要素生产率增长具有显著的波动性。1985~1989年，中国农业全要素生产率年均增长率为3.6%，低于1985~2010年的3.8%。1990~1995年，中国农业全要素生产率年均增长率为6.4%，是全要素生产率增长最快的时期。1996~2003年，受技术效率降低和农业科技进步减速的双重影响，农业全要素生产率年均增长率只有0.1%。2004~2010年，中国农业全要素生产率年均增长率回升到5.9%。

4.中国农业全要素生产率增长在东、中、西三大区域出现了趋同效应，总体趋同效应指数为0.384%，区域不平衡有缩小的趋势。

狭义的传统农业改造，是将追求效用最大化的农业改造成追求利润最大化的农业。它们的分界线就是刘易斯转折点。广义的传统农业改造，是将资源推动型农业改造成科学推动型农业。现实中通常以设置指标体系的方法来度量它的进展。综观数不胜数的现代农业指标体系，存在三个缺陷：即指标设置的随意性、权重设置的主观性和适用范围的局限性。我认为从总体上反映技术、制度和组织创新的全要素生产率，可较好地体现科学推动型农业的进展。估计全要素生产率所需的数据世界各国都有，并满足客观、简单、准确的要求。所以，根据农业全要素生产率的变化来评估农业发展的进程，是客观性、准确性和普适性都较好的评估方法。

中国农业的转型和经验教训*

改革以来的农业发展为中国经济转型发挥了重要作用。首先,以推行家庭经营为基本内容的农村改革极大地提高了农产品产出和农业生产力,使数亿农民摆脱了绝对贫困。第二,由农业生产率提高和允许农村劳动力流动的制度改革所引发的大规模的农村劳动力向城市转移,使中国获得了由要素流动带来的巨大的经济增长,并为加快中国的工业化、城市化进程做出了积极贡献。第三,农业的发展,包括产出的增加和生产率的提高,使中国有效地应对了用世界上百分之七的耕地满足全球五分之一的人口的食物需求的挑战。本文介绍了中国农业转型的背景,回顾了中国农业转型的主要成就,并论述了中国农业转型的经验教训。

一、中国农业转型的背景

1949年新中国成立时,面对的是一个以农民和农业为主体、积累率很低的国民经济体系。要加快工业尤其是重工业的发展,尽快实现赶超发达经济体的目标,必须最大限度地集中农业剩余,达到12%以上的积累率,并最大限度地降低发展工业的劳动力和原材料价格。

集中农业剩余可以采取金融和财政两种方式。采用金融方式需要有精准灵活的金融政策、布局合理的金融机构、灵巧多样的金融工具,当时的中国并不具备这些条件,所以不得不采用财政方式。采用财政方式又有提高征税强度和扭曲贸易条件两种途径。鉴于旧政府的高税负已使国民痛恨不已,新政府肯定不能延续重税的做法,所以选择了

* 本文原题目为 Agriculture Transition in China: Experiences and Lessons Learned,发表于《Village and Agriculture》2014 年第 2 期。

扭曲工农业产品贸易条件的做法，中国称之为工农业产品价格剪刀差。扭曲工农业产品贸易条件的另一个好处是,可以最大限度地降低发展工业的劳动力和原材料价格。

当时,中国的非农产业是被私营业主控制的。私营业主不满足于在收购环节拿到政府扭曲工农业产品贸易条件的好处,他们还通过囤积居奇等手段扰乱市场秩序,迫使城市人口承受更高的生计成本。鉴于扭曲工农业产品贸易条件没有达到预期目标。新政府又实行了农产品统一收购、统一销售政策。

农产品统购统销政策有效地解决了把农业剩余集中在政府手里和降低城市人口生计成本的问题,但是政府不可能对所有农产品都实行统购统销政策。那时中国的农业以自给为主,农产品的商品率很低。农民从增加收入的角度出发,做出了少生产统购统销的农产品、多生产未统购统销的农产品的选择。鉴于国家无法以农户为调控对象落实农产品统购统销计划,客观上需要建立一个能便于管理农民的组织体系,人民公社体制就是当时认定的最佳选择。当时主管经济工作的陈云副总理有一个形象的比喻:农户宛如妇女头上的头发,很多、很分散,不宜抓住,人们公社的作用就是把很多、很分散的头发梳成一条辫子,便于一把抓住。人民公社体制以统一组织生产为切入点,有效地解决了统购统销计划无法分解到每个农户的难题,达到了按照统购统销任务进行农业生产的目标。

由此可见,扭曲贸易条件、统购统销政策和人民公社体制三位一体,是由集中农业剩余、降低城市居民生计成本、促进工业发展的国家战略内生出来的一套制度。凭借着这套制度,中国在人均GNP很低的欠发展阶段,达到了12%以上的积累率,以及最大限度地降低工资率和工业原材料价格的目标,在较短的时间内建立了初步完整的工业体系,并取得了研发原子弹、氢弹和卫星的成功。

虽然工农业产品贸易条件是扭曲的,但凭借一套严密的财务核算制度,有效地杜绝了寻租现象。所以,计划经济体制最大的问题不是腐败,而是农业生产力未能充分发挥出来,广大农民一直处于贫困状态。

从表1至表3可以看出，从开始实施人民公社体制的1958年到改革开放的1978年的20年里，中国人均农产品占有量和农业人口人均商品性农产品供给量都没有明显的增长。农民收入增长平均每年不足3元。同期，由于重点发展的产业部门不具有比较优势，企业的自生能力很弱，产品的竞争力很弱，只能在封闭的环境下运行。这是该阶段集中起来的农业剩余主要投向重工业，但重工业处于自我循环、轻工业产品供给严重不足、国际贸易仍以农产品为主的主要原因。限于篇幅和不偏离主题，这里就不展开了。

表1　1957~1978年全国人均占有主要农产品产量

项目	1957	1962	1965	1970	1975	1978
人均占有粮食（公斤）	306	240.5	272	293	310.5	318.5
人均占有棉花（公斤）	2.6	1.15	4.95	2.8	2.6	2.25
人均占有油料（公斤）	6.1	3.6	5.05	4.6	4.95	5.45
人均占有肉产品（公斤）	6.25	2.9	7.7	7.3	8.7	8.95
人均占有水产品（公斤）	4.9	3.4	4.25	3.9	4.8	4.85

资料来源：《中国农村40年》，中原农民出版社，1989年，第132页。

表2　1957~1978年平均每个农业人口提供的商品性农产品数量

商品性农产品	1957	1962	1965	1970	1975	1978
粮食（公斤）	85.05	57.85	64.90	66.10	67.35	62.60
棉花（公斤）	2.65	1.15	3.25	2.90	2.85	2.60
食用油（公斤）	1.95	0.65	1.40	1.45	1.00	1.10
生猪（头）	0.075	0.034	0.130	0.108	0.132	0.135
水产品（公斤）	3.20	2.65	3.05	2.85	3.25	3.30

资料来源：《中国农村40年》，中原农民出版社，1989年，第133页。

表3 1957~1978年农民人均收入

项目	1957	1962	1965	1970	1975	1978
人均收入(元)	87.57	111.53	117.27	129.25	133.45	133.59
其中:来自集体收入份额(%)	49.6	47.4	53.9	60.6	57.0	58.3
家庭副业收入份额(%)	41.2	45.4	37.0	32.8	36.8	35.6
其他份额(%)	9.2	7.2	9.1	6.6	6.2	6.1

资料来源:《中国农村40年》,中原农民出版社,1989年,第130页。

二、中国农业的转型

(一)从集体经营向家庭经营转型

在人民公社时期,农业的集体经营不时地受到农民的质疑。特别是在农业出现大幅度减产的时候,受影响的农民往往把恢复家庭经营作为渡过难关的举措,并会得到一些领导人的默认。然而,受意识形态的影响,农业形势一旦略有好转,政府就会着手纠正这种偏离公有制的做法。20世纪70年代末的改革实际上是农民又一次采用家庭经营的做法。所不同的是,中共中央对这种做法采取了不赞成但容忍它作为例外予以存在的态度,接着又推出了逐步认同这种做法的政策。于是,农业家庭经营很快就在中国农村推广开了。具体的政策变化可概述如下:

1979年9月,中共中央通过的《关于加快农业发展的若干问题的决定》明确指出,“除某些副业生产的特殊需要和边远地区、交通不便的单家独户外”,“不要包产到户”。这是在中共中央文件中第一次正式宣布包产到户可以作为一种例外得以存在的政策条文,其作用是不可低估的。1980年9月印发的题目为《关于进一步加快和完善农业生产责任制的几个问题》的中共中央75号文件中进一步指出,“在那些边远山区和贫困落后的地区”,“要求包产到户的,应该支持群众的要求,可以包产到户,也可以包干到户”。根据该文件的精神,全国实行包产或包干到户的生产队占生产队总数的份额,很快就由1980年初的1.1%增加到年底的约20%。至此,全国最穷的生产队全部实行了包产到户或包干到户。1981年和1982年中共中央下发的放松和取消对农业家庭经营限制的文件，分别使30%中等偏下的生产队和30%中等偏上的生产队实行了包产或包干到户。1983年的中共中央一号文件更是明确指出,联产承包责任制是社会主义集体所有制经济中“分散经营和统一经营相结合的经营方式”,“在这种经营方式下，分户承包的家庭经营只不过是合作经济中的一个经营层次,是一种新型的家庭经营。它和过去私有的个体经济有着本质的区别,不应混同”。家庭联产承包责任制“既可适应当前手工劳动为主的状况和农业生产的特点,又能适应现代化进程中生产力发展的需要”，进而将15%较好的生产队纳入了包产或包干到户的轨迹。1984年的中共中央一号文件提出巩固和完善包产或包干到户的办法和措施后,4%最好的生产队也实现了家庭经营。由此可见,包产或包干到户是农民自下而上的选择,但它在全国迅速推广,则是在不断取得成功经验的基础上,自上而下地逐步扬弃传统的人民公社体制的结果。

数据显示,从1978年到1984年,中国农业产出平均每年增长7.7%。按照生产函数估算,其中46.89%来自家庭联产承包制改革带来的生产率提高(林毅夫的估计为42.2%)。同期,粮食产量由3.04亿吨增加到4.07亿吨;农民人均纯收入从133.6元增加到355.3元;农村贫困人口的绝对数量从2.5亿人下降到1.3亿人，贫困发生率从30.7%下降到15.1%。[①]

(二)从传统农业向现代农业转型

体制转型的功效是一次性释放完毕的,以家庭经营替代集体经营的作用也是如此。1984年中国农业几乎都实行了家庭经营,家庭经营对农业增长的贡献也达到了最大值。1985年以后,农业发展的任务是在坚持家庭经营的前提下,培育新型农业经营主体,逐步实现传统农

① 中国贫困的定义是:营养学家根据最基本的营养需求拟定食物清单,根据这个清单上的各种食物和物价计算出购买这些食品所需的支出。这个支出除以恩格尔系数(0.65),就是维持温饱所需的收入。低于这个收入的人口为贫困人口。

业向现代农业转型。这个转型在20世纪进展缓慢，进入新世纪后进展逐渐加快，但还远远没有完成。

1.从土地流转入手发展家庭农场

截至2011年底，中国有22880万个农户参与耕地承包经营。其中经营耕地10亩以下的农户占承包户总数的85%以上。除了蔬菜、花卉等高劳动密集、高资本密集和高附加值的生产项目外，农户很难在不到2/3公顷的土地上发展现代农业。于是，不少农民开始在农村从事非农产业，[①]接着又进城从事非农产业。随着这部分农民人数的增多，尤其是就业稳定性的增强，农村出现了土地经营权流转。从图1可以看出，1992年，流转的耕地面积占家庭承包经营耕地面积的份额还不足1%。2005年该指标为3.6%，13年增加了2.7个百分点，年平均增长0.2个百分点。2013年该指标为26%，这意味着2005年至2013年的8年里提高了22.4个百分点，年平均增长2.8个百分点，流转速度显著加快。东部发达地区的耕地经营权流转率更高，上海耕地流转面积占耕地承包面积的份额已经达到60.1%，江苏和北京均达到48.2%，浙江为42.9%。

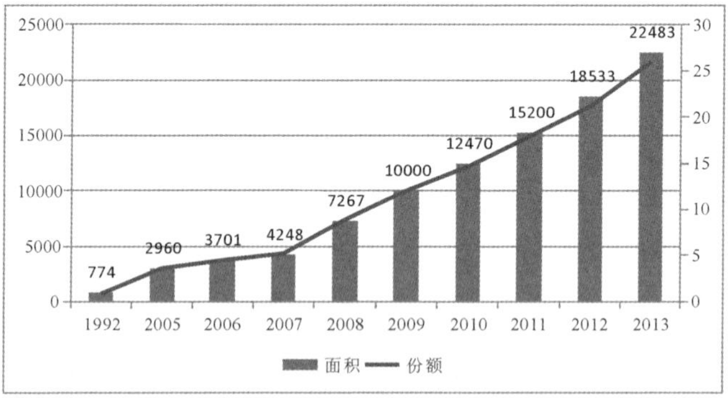

图1　中国耕地经营权转包面积和占承包耕地总面积的份额的变化

最初，土地经营权主要在亲戚朋友之间流转，转包费很低。近些年

① 由于城市改革滞后于农村，加上要解决“文化大革命”期间下乡改革后返城的上千万知青的就业问题，20世纪80年代中期几乎没有能力吸纳农民进城就业，所以当时国家实施的是农民可以离开土地从事非农产业但不能离开农村的政策。这与实施人民公社体制期间农民必须在农村务农的政策相比显然是一个进步。20世纪90年代实施的农民可以离开土地可以离开农村的政策则是更大的进步。由此也可以看出中国改革的渐进特征。

来,随着转包费的不断升高,土地经营权开始流向出价更高的家庭农场[①]等新型微观经营主体,促进了家庭农场的发展。农业部于2013年3月开展的家庭农场调查结果显示:截至2012年底,全国30个省、区、市(不含西藏)共有家庭农场87.7万个,经营耕地面积1.76亿亩,占全国承包耕地面积的13.4%。平均每个家庭农场有劳动力6.01人,其中家庭成员4.33人,长期雇工1.68人。在全部家庭农场中,从事种植业的有40.95万个,占46.7%;从事养殖业的有39.93万个,占45.5%;从事种养结合的有5.26万个,占6%;从事其他行业的有1.56万个,占1.8%。经营规模50亩以下的有48.42万个,占家庭农场总数的55.2%;50~100亩的有18.98万个,占21.6%;100~500亩的有17.07万个,占19.5%;500~1000亩的有1.58万个,占1.8%;1000亩以上的有1.65万个,占1.9%。2012年全国家庭农场经营总收入为1620亿元,平均每个家庭农场为18.47万元。

2.从生产分工入手发展专业大户

现实中,很多主要劳动力外出打工的农户不愿意把土地经营权流转出去,他们采取的是分别雇用各类专业农民完成其耕地上的犁地、播种、喷药、收割等生产活动的办法。这个需求拉动了专业大户的发展。1990年,全国农机户经营收入593亿元,2005年增加到2606亿元,2012年增加到4479亿元。前15年年均增加134亿元,后7年年均增加268亿元(见表4)。

表4 1990年以来农机户经营收入的变化

年份	农机户经营收入(百万元)	年份	农机户经营收入(百万元)	年份	农机户经营收入(百万元)
1990	59300	2003	226968	2008	346650
1995	103680	2004	242150	2009	389409
2000	200000	2005	260610	2010	424790
2001	204000	2006	281100	2011	450900
2002	215000	2007	298600	2012	447900

资料来源:农业部。

① 家庭农场的基本条件是:农场经营者具有农村户籍,以家庭成员为主要劳动力,以农业收入为主,经营规模稳定达到县级以上农业部门确定的标准。

据调查，1996年以来，拥有联合收割机的专业农户利用从南到北小麦成熟的时间差进行跨区收割，使联合收割机的使用时间从过去平均每年7~10天增加到一个多月。农业机械利用率的显著提高，使他们能在不增加收割费的情形下提高经营效益。目前，跨区作业模式已经推广到水稻、玉米等作物的机收和其他生产环节。2013年全国粮食主产区共有7万多台玉米收获机参加跨区收割，平均单机作业面积915亩。

随着种植规模的扩大，采用烘干机烘干粮食的需求快速增长。这项技术的应用将会显著地减少农业的晒场占地。目前存在的问题是烘干过程中保持产品品质的技术尚不成熟。

3.从产业升级入手发展农业公司

一般而言，土地密集型的大田作物适宜采用家庭农场模式，而畜禽水产养殖、蔬菜、水果、花卉等资本密集程度高、日产出量均匀的农产品适合公司经营。总体上看，适宜公司经营的农业领域主要有三类：一是设施农业和规模化养殖业。这些农产品与大田作物相比标准化程度更高，投资密集度更高，规模经济更显著，且具有较好的成长性和盈利性。二是农产品加工业。这些农产品的附加价值提升空间大，包括粮油加工、水产品加工、果蔬加工和特色农产品加工等。三是生产性服务业。重点是良种服务、农资连锁经营、农产品现代物流、农机跨区作业、农业信息服务等。这是具有广阔前景的产业，也是国家政策支持的重点。

鉴于中国的猪肉消费量占肉类消费总量的64%，下面以生猪生产为例分析由农业公司主导的规模化养殖的进展。直至20世纪末，中国90%以上的生猪仍由农户散养。近几年，中国生猪养殖规模化程度有较快的发展，出现了一批年生猪出栏量达到和超过10万头的农业公司，广东温氏食品集团有限公司出栏量已超过100万头。2005年，年出栏50头以上的生猪养殖户出栏生猪占全国出栏生猪总数的38%；2008年为51%，2009年为62%，2010年接近65%，2013年估计在70%左右。

奶牛养殖也是如此。2012年，百头以上规模牧场占比已经提升至近40%,300头以上规模牧场已提升至近30%。家禽养殖的规模化进展更快。

农业公司的发展有利于改善种养业的资源配置、扩大种养业的规模和提高种养业的经营效益,促进农业的技术进步、产业链的培育和农业的合作。农业公司必然会对小农生产形成替代,在农村社会保障体系不健全的情形下,这种替代会对小农的就业和增收造成冲击。

(三)从种植业主导型农业向养殖业主导型农业转型

从图2可以看出,1952年,种植业产值占中国农业总产值的85.9%,养殖业的份额仅占12.5%;2012年,种植业的份额减至52.5%,而养殖业的份额升至40.1%。变化最大的2008年,种植业和养殖业所占份额分别为48.4%和44.5%,从发展趋势看,养殖业所占份额很快就会超过种植业,中国农业也会由此成为养殖业主导型农业。

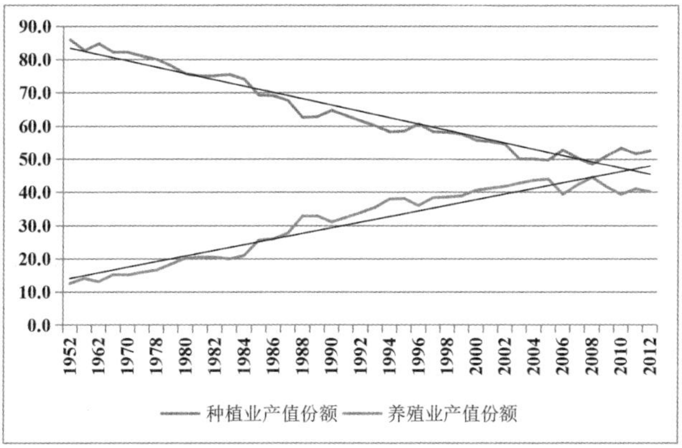

图2 中国种植业和养殖业占农业总产值份额的变化(单位:%)

(四)从追求土地生产率的农业向追求劳动生产率的农业转型

几千年来,中国农业一直追求土地生产率。进入21世纪后,随着农业劳动力成本的快速上升,农业机械对劳动力的替代和复种指数的下降都变得越来越显著了。有关数据的分析表明,1994~2002年间,土地生产率和劳动生产率年均增长分别为0.62%和4.10%;2003~2011年间,土地生产率和劳动生产率年均增长分别为3.17%和9.71%。这意味着中国农业正在向追求劳动生产率的农业转型。

（五）从农产品净出口农业向净进口农业转型

在1953年至1978年期间，中国农产品出口额占中国对外出口总额的70%以上，是国际贸易的主导产品和外汇收入的主要来源，为推动我国对外贸易发展做出了积极贡献。

从表5可以看出，1980年以来，虽然农产品进出口量、出口量、进口量都趋于增加，但它们占全国进出口总量、出口总量、进口总量的份额都趋于下降，分别由1980年的27.8%、34.4%和21.7%降至2013年的4.5%、3.5%和5.4%。2001年底中国加入世界贸易组织后，农产品贸易规模迅速增长。2002年，农产品贸易额约为306亿美元，顺差56亿美元，创造了历史最高纪录。从2004年起，农产品贸易一直为逆差，2013年逆差达到510.4亿美元。这意味着中国已经发生了由农产品净出口国到净进口国的转型。

表5　中国农产品国际贸易的基本情况

年份	农产品贸易（亿美元）				所占份额（%）		
	总额	出口额	进口额	净出口额	进出口	出口	进口
1980	105.9	62.4	43.5	18.9	27.8	34.4	21.7
1990	184.2	106.5	77.7	28.8	16.0	17.2	14.6
1997	248.9	149.3	99.6	49.7	7.7	8.2	7.0
1998	221.4	138.1	83.3	54.8	6.8	7.5	5.9
1999	216.3	134.7	81.6	53.1	6.0	6.9	4.9
2000	218.6	126.6	92	34.6	4.6	5.1	4.1
2001	279	160.7	113.8	46.9	5.5	6.0	4.7
2002	305.9	180.4	124.4	56	4.9	5.5	4.2
2003	403.6	214.3	189.3	25	4.7	4.9	4.6
2004	514.2	233.9	280.3	−46.4	4.5	3.9	5.0
2005	562.9	275.8	287.1	−11.3	4.0	3.6	4.4
2006	630.2	310.3	319.9	−9.6	3.6	3.2	4.0
2007	781	370.1	410.9	−40.8	3.6	3.0	4.3
2008	991.6	405	586.6	−181.6	3.9	2.8	5.2
2009	921.3	395.9	525.5	−129.6	4.2	3.3	5.2
2010	1219.6	494.1	725.5	−231.4	4.1	3.1	5.2
2011	1556.2	607.5	948.7	−341.2	4.3	3.2	5.4
2012	1757.7	632.9	1124.8	−491.9	4.5	3.1	6.2
2013	1866.9	678.3	1188.7	−510.4	4.5	3.5	5.4

资料来源：农业部发布的数据。

注：由于1990年的数据不全，根据其他来源的数据做了小的调整。

出口的农产品逐渐集中于水产品、园艺产品和畜产品等劳动密集型产品，三项合计占据农产品出口总额的65%，其中水产品占25%，水果和蔬菜产品占23%，畜产品约占17%。

进口的多为土地密集型的大宗农产品。大豆等大宗农产品进口量的增加有很多好处：一是有利于发挥中国农业比较优势和促进农民增收，二是有利于减轻耕地和淡水资源压力，三是有利于抑制贸易顺差增长、促进国际收支平衡。进口农产品的实质是进口别国当年耕地、淡水资源的使用权。据测算，2010年中国净进口的农产品若在国内生产，需要8.7亿亩农地，相当于中国实际播种面积的36%。

（六）从强制性管理向参与式管理转型

1.由等额选举制向差额竞选制转型

虽然过去村干部的产生也采取民主选举的形式，但被选举者是上级确认的，并且是唯一的，大家只是象征性地举手表示认同，且没有明确的换届制度。现在的被选举者可以他荐，也可以自荐，每个竞选者通常要发表施政演说。选民们按身份证领取选票，在秘密写票间填写选票，并将填写后的选票投入固定选举箱，通过公开唱票等程序当场宣布选举结果，村干部选举有明确的换届制度。

1991年3月，吉林省梨树县双河乡平安村在村委会直选中推出了所有选民均可推举被选举人的做法，开创了民主选举村委会的先河。目前，民主选举村干部已经成为广大农村普遍的做法。1998年12月至1999年1月，四川省遂宁市市中区步云乡全体选民投票选出乡长，成为中国第一个直选乡长诞生地。这一阶段，全国共有300个乡镇进行了直选。尔后，乡镇长直选处于停顿状态。党的十八大以后，随着改革的继续深化，很可能会出现数量级更大、级别更高的直选。

2.从加强管制到改善治理转型

改革前强调的是对农民活动的管制。无论是农民不能离开农村的户籍管制制度，还是农民必须务农的就业管制制度，都是对农民活动进行管制。现在强调的是改善治理。具体来说，通过村民自治制度的实施，使农村治理机制发生革命性变化；通过村务公开、村财公开，将民主监督落到实处；通过村民主导的具有民主特色的一事一议制度对村干部主导的具有强制性特征的义务工和积累工制度的替代，将民主管理落到实处。

3.从管理型政府向服务性政府转型

改革前农村基层政府的主要职责是管理，通过征税、征粮和计划生育等活动，将政府的目标落到实处。现在农村基层政府的主要职责是服务。通过免费义务教育制度和培训制度，使农民及其子女学有所教；通过农村合作医疗制度，使农民病有所医；通过最低生活保障制度，使农民难有所帮；通过农民养老制度，使农民老有所养。

三、中国农业转型的绩效

计划经济体制和市场经济体制是差异极大的两种体制。人们对此在认识上并没有歧义。但在这两种体制能否相容上，人们的认识是不一致的。一般来说，认为它们能在某种程度上相容的国家，选择了逐步填平鸿沟的渐进式改革战略；认为它们完全无法相容的国家，则选择了一步跨越鸿沟的激进式改革战略。坦率地说，当时大多数学者认为这两种体制无法相容，并据此推崇激进式改革战略。其理由是：虽然激进式改革的震荡成本很高，但由于没有摩擦成本，改革的总成本并不高；渐进式改革的震荡成本很小，但新旧体制的摩擦成本的长期存在，会使累积的改革总成本很大。更为严重的是，在旧体制的束缚下新体制无法成长起来，以至无法完成转型。中国采取的是当时并不被看好的渐进式改革战略。

然而，采用激进式改革战略的国家，并没有像预期的那样很快就完成了经济转型；采用渐进式改革战略的中国却不断取得进展。在短短的30多年里，先由低收入的发展中国家进入中等收入的发展中国家的行列，接着又进入上中等收入的发展中国家行列，并成为世界上第二大经济体。如果按购买力平价计算，中国经济的总规模还要再翻一番。

简略地说，中国农业转型的绩效可以概括如下。

(一)农业增长更加稳定

1.粮食增速加快

1952年是中国粮食产量恢复到第二次世界大战前(1936年)最高水平的年份,所以下面的分析以1952年为始点。在1952~2012年间,前30年(1952~1982年)中国粮食产量由1.6亿吨增长到3.5亿吨,增加1.9亿吨;后30年(1982~2012年)粮食产量由3.5亿吨增长到5.9亿吨,增加2.4亿吨,比前30年多增产0.5亿吨。进一步的分析表明,前30年的粮食增产以扩大耕地面积为主;后30年的粮食增产以提高单位面积耕地上的产量为主(见图3)。

图3　中国粮食和谷物产量的变化

2.其他农产品增长稳定

改革初期，中国农产品产量增速较快,20世纪90年代末进入总量平衡、丰年有余阶段后,主要农产品产量增速减缓,但产量的稳定性明显提高(见图4)。

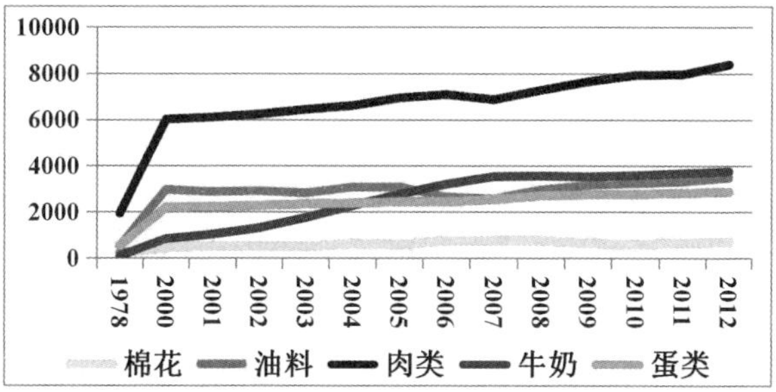

图4　2000年以来其他主要农产品产量增长趋势

3.主要农产品人均占有量稳定增加

在粮食增产加快和人口增长减缓的共同作用下，2012年，中国人均粮食产量435.4公斤，分别比1978年和2000年高出116.4公斤和69.3公斤。同期，人均猪牛羊肉产量分别高出45.5公斤和17.0公斤；水产品分别高出38.7公斤和14.2公斤；牛奶分别高出27.7公斤和21.1公斤；油料分别高出20.2公斤和2.3公斤；棉花分别高出2.8公斤和1.6公斤。

（二）农民就业更加充分

从图5可以看出，在非农部门工作的农民工数量从1985年的5960万人增加到2012年的26261万人，翻了两番多。从图5还可以看出，国际金融危机对农民工外出有显著的负面影响。

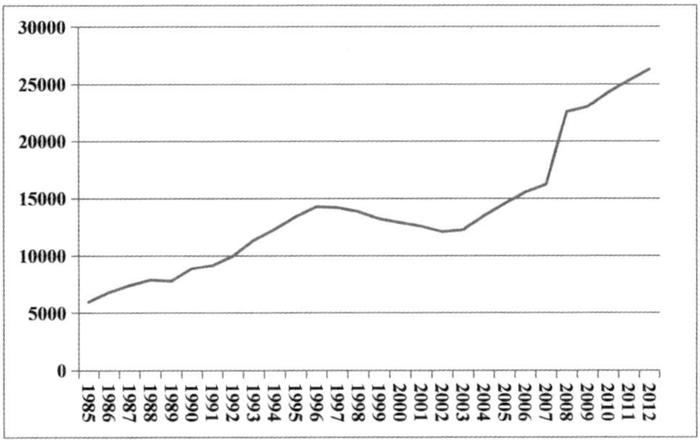

图5　中国进入非农部门就业的农民工数量的变化

随着农民就业空间的拓展，他们对国民经济的贡献已经从农业拓展到非农产业，从农村拓展到城市。从表6可以看出，2008年至2012年，农民工创造的GDP占全国GDP总量的份额由32.1%提高到38.6%，4年提高了6.5个百分点。如果考虑政府部门和事业单位的工资并不创造GDP的实际情况，农民工创造的GDP占全国GDP总量的份额会更大。

从图6可以看出，从1957年到1978年，中国的城镇化率由15.39%增加到17.92%，21年里年均增加0.12个百分点；1978~1999年，中国的城镇化率由17.92%增加到30.89%，21年里年均增加0.62个百分点；2000年至2013年，中国的城镇化率由36.22%增加到53.37%，13年里年均增加1.32个百分点。城镇化的速度显著加快了。其中,亿万农民进城就业是推动中国城镇化进程的最大的动力源。

表6 农民工创造的GDP占全国GDP总量份额的变化

年份	农民工数量(万人)	农民工平均月工资(元/月)	农民工工资总额(亿元)	农民工创造的GDP(亿元)	全国GDP总额(亿元)	农民工创造的GDP占GDP总量的份额(%)
2008	22542	1340	36247.5	100687.6	314045.4	32.1
2009	22978	1417	39071.8	108532.8	340902.8	31.8
2010	24223	1690	49124.2	136456.2	401512.8	34.0
2011	25278	2049	62153.5	172648.7	472881.6	36.5
2012	26261	2290	72165.2	200459.0	519322.0	38.6

资料来源:近几年国家统计局发布的农民工监测调查报告。

注:在《中国统计年鉴》中,工资约占GDP的36%,故按36%这个参数来推算农民工创造的GDP。

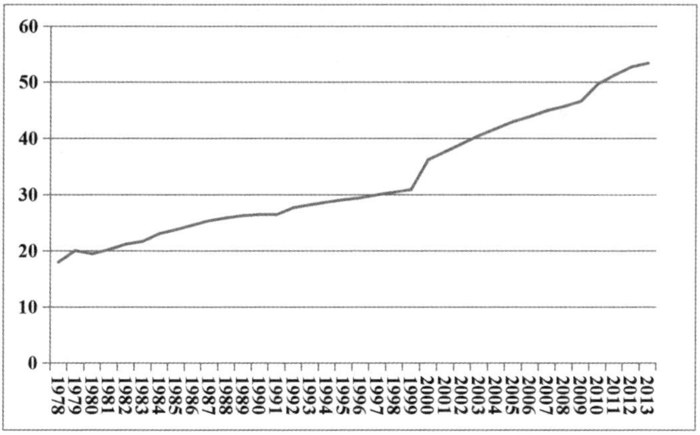

图6 改革以来中国的城镇化率的变化(单位:%)

(三)农民福利更加完善

1978年至2012年,农民人均纯收入由133.6元增加到7917元,按可比价格计算，增加了10.77倍。除收入外，农民福利也有很大的改进。

第一，农村免费义务教育。2006年，中国开始实施免费义务教育。2007年，该政策在全国农村实施。政府安排的资金，相当于为全国农民减少支出2300多亿元。

第二，新型农村合作医疗。2003年，新型农村合作医疗制度迅速推进，至2008年基本覆盖农村居民。最初每人每年筹资30元，其中农民交纳10元，各级政府补助20元。2014年提高到每人每年410元，其中农民交纳90元，各级政府补助320元。参合农民政策范围内住院报销比例将达到75%左右，每人每年累计可报销8万元~15万元（各省的报销上限不同）。儿童先心病等20种重大疾病医疗救治补偿可不受此限制，另行计算。

第三，基础设施供给均等化。（1）农民安全饮水。这项工作已经全面完成。（2）农村生产生活用电。全面实现城乡用电同网同价的目标。（3）农村公路。实现了通车、通达（乡村路面宽度分别大于3.5米和3.0米，全天候通车）、通畅（路面硬化）和通客运等目标。（4）农村文化。实现了通邮、通广播、通电视、通电话和通因特网目标。

第四，农村居民最低生活保障。1996年，中国开始在少数省市的农村试点最低生活保障制度，2007年该制度被推广到全国农村。2014年，农村居民每人每月最低生活保障为180~450元（保障标准根据各市生活消费水平和财政支付能力决定）。

第五，农村居民社会养老保险。2006~2010年，国家又开始推动旨在为60岁以上的老年农民提供生活保障的新型农村居民社会养老保险制度。截至2011年，已有3.26亿农村居民参保，其中实际领取待遇人数8525万人。

四、中国农业转型的经验教训

推行激进式改革的转型国家，大多是由新上台的政治家主导改革。他们策动激进式改革或彻底否定原有体制，除了试图扭转国民经济停滞不前的局面外，还为了获得国民的普遍认可。中国改革的第一代领导人原先是计划经济的推动者，他们既想尽快消除计划经济体制中的诸多弊端，又不愿完全否定计划经济，这是中国选择渐进式改革战略，着力纠正计划经济体制的偏误而不是迅即放弃计划经济体制的重要原因。

中国文化崇尚的是求稳求实。从儒家的"中庸之道"到毛泽东的"实事求是"，邓小平的"解放思想"，江泽民、胡锦涛的"与时俱进"和习近平的"空谈误国"，在文化底蕴上是一脉相承的。其中"中庸之道"针对的是激进思潮，倡导的是稳中求进的文化；实事求是、解放思想、与时俱进和空谈误国针对的是教条主义和经验主义，倡导的是根据实践的发展形成新理念，不受已有意识形态束缚的文化传统。

（一）坚持改革具有积小胜于大胜的渐进性质

中国采取的是积小胜于大胜的渐进式改革战略。具体地说，就是从国民经济最薄弱的环节入手，确保改革失败的损失最小化；并在达到预期目标的基础上将改革引向深入，逐步实现国家转型的总体目标。例如农业的家庭承包经营，最初在经济最薄弱的20%的生产队中推广，获得成功后再在30%中等偏下、30%中等偏上、15%较好和4%最好的生产队中逐步推广。对至今仍未实行家庭承包经营的农村社区，一直采取包容的态度。家庭承包经营的年限也是如此，最初只是1~3年的短期合同。1984年，为了激励农户爱惜地力并向土地投资，家庭承包经营合同的有效期被延长为15年，1994年，合同的有效期又延长到30年。

（二）坚持改革具有帕累托改进或卡尔多改进性质

中国采取的是只有受益者而没有受损者的改革战略。最初的家庭承包经营，是典型的所有人均为受益者而没有任何受损者的改革。这类改革具有帕累托改进的性质。随着改革的深化，农业改革不再具有帕累托改进的性质了，比如农村机构改革中的人员精简，退耕还林、退牧还草、退耕还湖和天然林保护等旨在保护生态环境的改革举措。针对这种变化，国家对前者实行了相应的工龄补偿、职务补偿等经济补偿制度，对后者实行了生态补偿制度，使改革具有卡尔多改进的性质。

（三）坚持改革的市场取向

中国的农业改革始终坚持市场取向。最初的重点是全面放开农产品市场，发挥市场机制在农业资源配置中的决定性作用。尔后，重点转向要素市场。其中，市场发育程度最高的是劳动力市场，其次是土地经营权流转市场，最慢的是资本市场。值得欣慰的是，近几年农村的资本市场出现了加快发展的势头，在中国共产党十八届三中全会深化改革决定的强大推动下，农村要素市场发育必将再次形成一个新的高潮。

（四）坚持改革的内生性、共生性和竞争性的统一

中国的农业改革不仅特别重视农民的探索，而且特别重视对可复制性好的成功经验的推广。家庭承包经营是如此，乡镇企业发展是如此，农民向城市迁徙是如此，竞选制的推广也是如此。对于不成功的探索，政府会帮助农民纠正偏差，并解决遗留的问题。由于现有的做法都源于中国的实践，而不是照抄照搬别国的成功经验，所以具有很强的内生性。

中国的农业改革特别重视共赢，即所有农户都是赢家，只是受益的程度有所不同。这是中国的改革得到农民广泛支持的重要原因。

中国的农业改革从更好地实行多劳多得制度入手，提高农民的生产积极性。虽然农民的收入差异没有变小，但这个差异主要是农民的素质差异和社区的地理差异造成的，而不是制度差异造成的，所以农民对这种差异并没有太多的抱怨。

由此可见，中国的农业改革坚持了内生性、共生性和竞争性的统一。

（五）农业增长对资源和环境的压力越来越大

2004年以来，我国粮食总产实现连续10年增产，其他主要农产品也都有较大幅度增产。这为保障经济社会发展提供了重要物质基础。同时也要看到，农业丰收延续的时间越长，各种资源要素绷得越紧。

耕地资源约束。中国人均耕地面积1.38亩，是世界平均水平的40%。随着人口的继续增长和工业化城镇化推进对耕地的占用，人均耕地将进一步减少。经过数千年的农业开发，耕地后备资源不足，开发利用难度大。

淡水资源约束。中国人均水资源量2100立方米，为世界平均水平的28%。随着工业、城市、生态用水增加，农业用水紧缺的矛盾将更加明显。从水资源空间分布来看，北方地区耕地占全国的60%，水资源量仅占全国的9%，农业深受水资源紧缺的制约。

环境容量约束。目前中国单位面积化肥使用量是联合国粮农组织规定上限的2倍，农药使用量是世界平均水平的2.5倍。据国家环保部《2010年环境状况公报》，我国农村面源污染已超过城市工业污染，农业农村排放的COD（化学需氧量）占全国的43%、总氮量占57%、总磷占67%。

以上三个方面，是特别需要引起重视的问题。

五、总结性评论

任何发展中国家都有机会以快于发达国家的速度来发展经济，并迈入发达国家的门槛。而要达到这一目标，必须充分利用比较优势和后发优势。利用了比较优势就会有后发优势，技术变迁的速度就会比较快，就能赶上发达国家。

“休克疗法”从理论模型来看逻辑严密，环环相扣，该战略未能成功的主要原因是，其倡导者忽视了制度扭曲的内生性，忽略了这些经济体优先发展的产业因不具有比较优势而缺乏自生能力，若得不到保护和补贴就无法生存的客观现实性。

尽管当初人们都不看好渐进式改革战略，但选择渐进式改革战略的国家却取得了成功。简略地说，一是没有自生能力的企业在转型过程中继续得到保护，所以不会崩溃；二是微观主体的积极性提高后，资源越来越多地流动到符合比较优势的部门，使经济实现动态发展。这正是中国转型较为成功的主要原因。

中国作为一个农民众多的发展中国家，农业在国家走向公平与可持续发展中不仅具有特殊重要作用，而且也真正发挥了特殊重要的作用。

自述之五

中国农业转型尚未完成，必须继续深化改革，消除仍在制约农业发展的体制弊端；同时要及时评估已经取得的转型成果，从而树立和坚定深化改革的信心。在平时的国际学术交流中发现，很多国外学者都想了解我国农业转型的进展。鉴于此，我为我参与发起的欧亚转型国家农业转型国际研讨会专门撰写了《Agriculture Transition in China: Experiences and Lessons Learned》一文。

众所周知，1949年新中国成立时，面对的是一个以农民和农业为主体、积累率很低的国民经济体系。要加快工业尤其是重工业的发展，尽快实现赶超发达经济体的目标，必须最大限度地集中农业剩余。集中农业剩余可以采取金融和财政两种方式。采用金融方式需要有精准灵活的金融政策、布局合理的金融机构、灵巧多样的金融工具。当时的中国并不具备这些条件，不得不采用财政方式。采用财政方式又有提高征税强度和扭曲工农业产品贸易条件两种途径。鉴于旧政府的高税负已使国民痛恨不已，不得不选择扭曲工农业产品贸易条件的做法（俗称工农业产品价格剪刀差）。扭曲工农业产品贸易条件的另一个好处是，可以最大限度地降低发展工业的劳动力和原材料价格。当时，中国的非农产业是由私营业主控制的。他们不满足于在收购环节拿到政府扭曲工农业产品贸易条件的好处，还以囤积居奇等手段迫使城市人口承受更高的农产品价格。鉴于扭曲工农业产品贸易条件没有达到预期目标。新政府又实行了农产品统一收购、统一销售政策。农产品统购统销政策有效地解决了把农业剩余集中在政府手里和降低城市人口生计成本的问题，但是政府不可能对所有农产品都实行统购统销政策。农民从增加效用的角度出发，做出了少生产统购统销的农产品、多生产未统购统销的农产品的选择。鉴于国家无法以农户为调控对象落实农产品统购统销计划，客观上需要建立一个能便于管理农民的组织体系，人民公社体制就是当时认定的最佳选择。人民公社体制以统一组织生产为切入点，有效地解决了统购统销计划无法分解到每个农户的难题，达到了按照统购统销任务进行农业生产的目标。

由此可见，扭曲贸易条件、统购统销政策和人民公社体制，是由集中农业剩余、降低城市居民生计成本、促进工业发展的国家战略内生出来的一套制度。凭借着这套制度，中国在人均GNP很低的欠发展阶段达到了较高的积累率，在较短的时间内建立了初步完整的工业体系。虽然工农业产品贸易条件是扭曲的，但凭借一套严密的权限管制和财务核算制度，有效地杜绝了寻租现象。所以计划经济体制最大的问题不是腐败，而是农业生产力未能充分发挥出来，广大农民一直处于贫困状态。

中国的改革是从农村开始的，农业改革取得了极大的成功。其中，以家庭经营替代集体经营的改革极大地提高了农产品产出和农业生产力，使数亿农民摆脱了绝对贫困。由农业生产率提高和允许农村劳动力流动的制度改革引发的大规模的农村劳动力向城市转移，使中国获得了由要素流动带来的巨大的经济增长，并为加快中国的工业化、城市化进程做出了积极贡献。农业生产率的提高和农产品产出的增加，使中国有效地应对了用世界上百分之七的耕地满足全球五分之一的人口的食物需求的挑战。

中国农业转型，除了比较容易观察到的从集体经营向家庭经营转型、从传统农业向现代农业转型外，还出现了从追求土地生产率的农业向追求劳动生产率的农业转型、从种植业主导型农业向养殖业主导型农业转型、从农产品净出口农业向农产品净进口农业转型、从强制性管理向参与式管理转型。随着农业转型的推进，农业增长越来越稳定，农民就业越来越充分，农民福利越来越完善。

中国农业改革具有积小胜于大胜的渐进的特征，具有帕累托改进或卡尔多改进性质，具有市场取向的特征，具有内生性、共生性和竞争性统一的特征。中国的农业改革不仅重视农民的探索，而且重视对可复制性好的成功经验的推广。家庭承包经营，乡镇企业发展，农民向城市迁徙，竞选制的推广，都是如此。由于具体的做法都源于中国的实践,而不是照抄照搬别国的成功经验,具有很强的内生性。中国的农业改革特别重视共赢,即所有农户都是赢家,只是受益的程度有所不同,所以改革得到了广泛支持。

绿色农业转型研究*

一、绿色农业的概念和进程

绿色农业是与资源、生态和环境具有互补性的现代农业。它通过专业化生产、系统化加工和组织化物流，促进农业增效、农民增收和农村发展；它通过制定和实施农产品标准、投入品使用准则、生产技术规程和农产品质量安全可追溯体系，保障消费者的健康；它利用物种共生、物质循环和能量转换的关系，促进农业污染治理和生态环境保育。

(一)绿色农业的概念和基本特征

1.绿色农业的概念

所谓绿色农业，是指以促进农产品安全、生态安全、资源安全为目标，以先进科学技术、先进工业装备和先进管理理念为依托，以农产品标准化为手段的农业。

绿色农业是以可持续发展为目标，以绿色农产品产业化为主线的农业发展模式与体系，是对生态农业和绿色食品实践的扩展、提升与系统化，是绿色经济的重要内容。

绿色农业是符合可持续发展、保障食物安全和增强农产品国际竞争力的要求的农业，是符合市场经济体制和全球经济一体化要求的农业，也是符合社会发展需求、消费者需求和农民增收需求的农业。

2.绿色农业的基本特征

安全性：绿色农业依靠科技进步和物质投入等提高农产品的生产能力，确保农产品数量安全。

规范性：绿色农业借助于技术标准体系和检验监测体系，规范农产品的生产工艺和市场秩序，确保农产品的质量安全。

---

* 本文收录在中国环境科学出版社 2012 年出版的《中国经济发展方式的绿色转型(中英文版)》一书。

持续性：绿色农业通过合理利用和有效保护农业资源与生态环境，以及化学品投入的有效控制，确保农业的资源安全和生态安全。其中农业资源安全主要是指水资源与耕地资源安全。

高效性：绿色农业通过农业资源的优化配置，最大限度地提高植物、动物和微生物之间的能量转换效率，最大限度地降低能量转化过程中的损失，提高农业的综合经济效益，提高农民的农产品收入，提高农业的国际竞争力。

3.常规农业、传统农业与绿色农业的比较

传统农业能保障农产品质量和生态、环境安全，其不足是经济效率低，难以保障农产品数量安全和资源安全，不具有专业化、商品化、标准化、品牌化和标识化的特征。中国目前主要采用大量使用化肥、农药、薄膜等化学合成物来达到农产品高产的常规农业模式。常规农业与传统农业比较，相似之处是都没有解决资源安全问题，[①]不同之处是具有经济效率高和农产品数量安全、专业化、商品化强四个优点，以及农产品质量、生态和环境安全程度低三个弱点；绿色农业保持了常规农业的四个优点，克服了它的三个缺点，并解决了资源安全问题(见表1)。

表1　常规农业、传统农业和绿色农业的比较

基本特征	常规农业	传统农业	绿色农业	生态农业
经济效率	高	低	高	高
数量安全	强	弱	强	强
质量安全	弱	强	强	强
资源安全	弱	弱	强	强
生态安全	弱	强	强	强
环境安全	弱	强	强	强
专业化	强	弱	强	弱
商品化	强	弱	强	强
标准化	弱	弱	强	弱
品牌化	弱	弱	强	弱
标识化	弱	弱	强	弱

① 传统农业和常规农业都有资源安全问题，但表现形式有很大的不同。前者以牺牲森林、草地、水面的生态功能为代价增加农业生产能力；后者以过度投入化学物品为手段，以破坏土壤的理化性能为代价换取短期的农产品产量。

绿色农业和生态农业有非常强的相似性。第一,都具有综合性。它们都按照“整体、协调、循环、再生”的原则优化农业资源配置,使农业生态系统的整体功能得以发挥。第二,都具有多样性。它们都依据特定的自然条件、资源基础、经济与社会发展水平选择适宜的生产模式,使各地区的比较优势都充分发挥出来。第三,都具有高效性。它们都通过物质循环和能量多层次转换实现废弃物资源化利用, 降低农业成本,提高经济效益,增加农民的收入。第四,都具有持续性。它们都追求农业生产与生态保护、防治污染和环境建设的统一,在最大限度地满足人们对农产品日益增长的需求的同时,提高生态系统的稳定性和持续性,增强农业发展后劲。

绿色农业和生态农业又有一些较为显著的不同。绿色农业有一套产品标准体系、产地认证体系、专门的认证机构和专门的产品标识,而生态农业没有产品标准体系、产地认证体系、认证机构和产品标识。绿色农业以市场化和专业化为基础,而生态农业以生态链和多样化为基础。

(二)绿色农业的发展状况

1982~1986年的5个1号文件都强调农业要 “充分发挥我国传统农业技术优点的同时,广泛借助现代科学技术成果,走投资省、耗能低、效益高和有利于保护生态环境的道路”。2004~2010年的7个1号文件中,有4个1号文件均明确提出“要鼓励发展循环农业、生态农业”“提高农业可持续发展能力”。①

1.中国绿色农业发展的进程

1984年,广州市最早开始无公害蔬菜生产的试验并建立了专门的生产基地。1990年5月15日,我国正式宣布开始发展绿色食品。从1990年到2009年,我国绿色食品企业由63家发展到6003家,产品由127个发展到15707个,绿色食品生产总量达到1亿吨,国内年销售额达到3162亿元,出口总额达21.6亿美元(见表2);全国已建成绿色食品大型原料

① 李文华等:《中国生态农业的发展与展望》,《资源科学》2010 年第 6 期。

标准化生产基地432个，面积达到1.03亿亩，生产总量5718万吨，对接龙头企业1138家，带动农户1297万个，每年直接增加农民收入6.5亿元以上。绿色食品产品质量年度抽检合格率达到98.8%。[①]

表2　绿色农产品的变化

年份	企业数（个）	产品数（个）	产量（万吨）	销售额（亿元）	出口额（万美元）	监测面积（万公顷）
1990	63	127	35			4
1991		210				
1992		275				
1993		365				
1994		370	70			4.6
1995		568	210			113.3
1996	463	712	360	155.3	900	149.9
1997	544	892	630	246	7050	214.2
1998	619	1018	840	285	8800	225.6
1999	742	1353	1106	302	13000	237.5
2000	964	1831	1500	400	20000	333.3
2001	1217	2400	2000	500	40000	383.7
2002	1756	3046	2500	597	84000	444.7
2003	2047	4030	3260	723	108000	514
2004	2836	6496	4600	860	125000	596
2005	3695	9728	6300	1030	162000	653.3
2006	4615	12868	7200	1500	200000	1000
2007	5740	15238	8300	1929		
2008	5868	15979	9000	2596	248000	
2009	6003	15707	10000	3162	216000	1266.7

① 王运浩：《我国绿色食品和有机农产品发展成效与对策》，《农产品质量与安全》2010年第2期。

2009年，经农业系统认证的有机生产基地（企业）1300余家，产品接近5000个，实物总量210万吨，生产面积280万公顷（见表3）。

表3　有机农产品的变化

年份	企业数（个）	产品数（个）	认证农田（万公顷）	产量（万吨）	销售额（亿美元）	出口额（亿美元）
2006	520	2278	311	195.6		
2007					7.5	3.5
2009	1353	4955	280	210		

截至2008年底，全国有效无公害农产品达到41249个，获证单位18952个，产品总量2.2亿吨，占食用农产品商品量的23%左右。其中，种植业产品30361个，畜牧业产品5322个，渔业产品5566个，全年共备案无公害产地10773个，其中，新获证产地7096个，完成全年目标任务的142%。全国共备案无公害农产品产地44915个，其中，种植业产地29871个，面积3905.51万公顷，占全国耕地总面积的30%；畜牧业产地9758个，养殖规模39.16亿头（只、羽）；渔业产地5286个，面积267.26万公顷（见表4）。①

表4　无公害农产品的变化

年份	企业数（个）	产品数（个）	产量（万吨）	产地数（个）	耕地面积（万公顷）	养殖规模（亿头、只、羽）	水面面积（万公顷）
2004	7370	11812	6943	11581			
2006		23636	14400	30255	3.5		
2007	19023	34186	20000	38370	3162	34.15	265.11
2008	18952	41249	22000	44915	3906	39.16	267.26
2009		49000		51000	4467		

① 武兆瑞、李庆江：《我国无公害农产品的发展及举措》，《农业质量标准》2009年第2期。

2.中国绿色农业发展的特征

(1)管理规范先行。

我国于1990年正式开始发展绿色食品。1996年,农业部就制定并颁布了《绿色食品标志管理办法》,将中国绿色食品开发和管理纳入法制化、规范化的轨道。

(2)市场建设配套。

目前,北京、上海、天津、哈尔滨、南京、西安、深圳等国内大中城市相继组建了绿色食品专业营销网点和流通渠道,市场覆盖面日益扩大,市场占有率越来越高;一部分绿色食品进入了日本、美国、欧洲、中东等国家和地区的市场,并显示出了在技术、质量、价格、品牌上的明显优势,展示出了绿色食品广阔的出口前景。

(3)产品质量稳定。

在历年的农产品质量安全专项整治和抽检中,无公害农产品、绿色食品、有机农产品质量抽检合格率都很高。例如2008年,分别达到99.1%、98.8%和100%。

(4)组织程度较高。

在已认定的无公害农产品种植业产地中,每个产地平均规模都在1.1万亩左右,带动农户200多家、600多人。获证的"三品一标"产品,基本上都实现了规模化生产、产业化经营,有稳定的标准化生产基地。绿色食品获证企业中,有250多家为国家级农业产业化龙头企业,1100家为省级农业产业化龙头企业,分别占国家级和省级农业产业化龙头企业总数的三分之一和五分之一。

(5)增收作用明显。

无公害农产品市场售价比同类未认证产品要高出10%左右;绿色食品市场售价平均增幅达到20%~30%;有机食品大多出口和供应高端市场,价格提升更加明显,部分产品市场售价甚至高出常规产品好几倍。

二、绿色农业转型的必要性

化肥、农药的使用极大地提高了农作物产量，保障了粮食数量安全。但是我国平均化肥利用率为30%~35%，每年有1100多万吨化肥流失，其中以氮肥损失率最高。造成了巨大的经济损失，并对环境、土壤、水体、大气、人体健康造成危害。

第一次全国污染源普查结果显示，农业污染日显突出。农业源污染物排放对水环境的影响较大，其化学需氧量排放量占排放总量的43.7%，农业总氮、总磷排放分别占排放总量的57.2%和67.4%。我国土壤污染状况已经影响到耕地质量、食品安全甚至人的身体健康。20世纪80年代末期，我国土壤污染面积只有几百万公顷，现在已经超过1000万公顷。根据中国科学院生态环境研究中心研究，目前我国受镉、砷、铬、铅等重金属污染的耕地面积近2000万公顷，约占耕地总面积的1/5，全国每年因重金属污染而减产粮食1000多万吨。此外，农药、抗生素、病原菌等也成为土地污染源。

为了迎合人们对食品营养价值和外观漂亮的需求，食品中的添加剂改变了食品营养和食品外观，出现了许多食品安全重大事件。

养殖业集中后，动物粪便成为污染源；同时动物病疫容易发生，导致养殖业波动性很大。大棚蔬菜，解决了新鲜蔬菜水果的持续供给，但大棚蔬菜湿度较高、面积较小、植物品种单一，病虫害和农药用量明显增加，需要更多和更加有效的生物农药。目前集约规模化生产要更加重视食品安全生产的管理和标准体系建设，要发展多种多样的绿色农业种植模式，加强食品安全法规的执行，生产出真正的绿色食品。

我国已难以通过增加自然资源来扩大农业再生产，必须通过提高资源利用效率的途径。这正是发展绿色农业之希望所在。

三、绿色农业转型可能性分析

（一）中国绿色农业发展的总体目标

20世纪90年代，以农产品供求实现总量基本平衡、丰年有余的历史性跨越为标志，中国农业发展进入了新阶段。具体来说，通过实施天然林保护工程，对遭受过度采伐影响的森林生态系统进行修复；通过实施退牧还草工程，对遭受过度放牧影响的草地生态系统进行修复；通过实施退耕还林、还草和还水工程，对遭受过度垦殖影响的山地、草地和湿地资源进行修复；通过实施“无公害食品行动计划”，提高农产品质量安全的水平。

绿色农业发展的总体目标是：用50年的时间，基本建成以绿色农产品为主导的绿色农业体系。其中，2011~2030年，绿色农业种植面积达到2667万公顷，绿色农产品产值10000亿元，产量1.8亿吨。2030~2050年，成为绿色农产品生产大国，基本实现农业可持续发展，绿色农产品产值占农业生产总值的2/3，农民收入达到发达国家农民收入水平（绿色食品网，2008）。

1.食物安全

20世纪90年代末，中国已基本解决农产品短缺的问题。虽然食物数量安全（food security）的重要性仍然不能低估，但农业发展已经进入越来越重视食物质量安全（food safety）的阶段。将满足国民维持生存所需的热量和营养需求的目标提升为满足国民追求健康长寿的目标，既是中国发展阶段提升的客观要求，也是中国加速发展绿色农业的客观依据。

2.农业资源安全

改革开放以来，化学农业的快速推进，有效地解决了农产品短缺问题，同时也对农业资源安全施加了越来越严重的负面影响。化学农业对土壤有机质、全氮、有效磷、速效钾等含量的影响并不是很大，所以对农业资源安全的评估不宜停留在农产品产量和土壤肥力等指标上,而要分析过量使用化肥农药对土壤理化性能的负面影响。只有理解了这一点,才能更好地把握中国必须加速发展绿色农业的迫切性。

3.农业生态安全和环境安全

化学农业的快速推进,还造成了地表水的富营养化、地下水的硝酸盐富集,以及温室气体含量的增加。所以,尽快消除过量使用化学物品对生态和环境造成的负面影响,确保生态安全和环境安全,也是中国加速发展绿色农业的题中应有之意。

目前全国已有20个省(市、自治区)的80多个县和一些农业龙头企业编制了详细规划和实施措施,准备参与“绿色农业”的实践活动。

(二)中国发展绿色农业的可能性分析

绿色农产品的需求和供给都和它的价格密切相关。基于此,探讨中国发展绿色农业的可能性首先要分析绿色农产品的价格及其构成。在此基础上,再分析消费者和生产者针对绿色农产品价格作出的需求和供给反应。鉴于绿色农产品的需求决定于消费者的支付能力,所以根据居民可支配收入的变化分析消费者对绿色农产品的需求反应。关于绿色农产品的供给,首先根据绿色农产品的产量和产地的监测面积的时间序列资料进行趋势外推,然后根据有支付能力的需求模拟可能达到的供给,以及农业资源可持续利用状态下的承受能力。

1.绿色农产品的价格分析

绿色农产品的价格可以从生产和销售两个角度来分析。其中,生产角度分析绿色农产品的价格形成过程,销售角度分析消费者对绿色农产品价格的接受情况。

关于生产角度的绿色农产品的价格形成过程,杨金深等根据河北省平山县元坊村的100亩生产绿色农产品的苹果园和相邻的河坊村的110亩生产一般农产品的苹果园的2001年至2003年的成本资料, 作了一个很好的研究。主要结论是:绿色农产品的价格是一般农产品的价格的2.40倍,其用工量是2.79倍(见表5)。由此可见,绿色农产品的价格高,不是简单的以质论价,而是为了让追加的劳动得到应有的补偿。也就是说,视觉上的质量好,仅仅是绿色农产品的价格高的外在表现形式，而为此增加的劳动投入，才是绿色农产品的价格高的内在依据。让消费者在这一点上知情，是拓展绿色农产品市场，进而促进绿色农产品发展的题中应有之意。

表5　绿色农产品和一般农产品的生产成本、销售收入和用工量(元/亩)

成本类型	2001年		2002年		2003年		合计	
	绿色	一般	绿色	一般	绿色	一般	绿色	一般
肥料	167.2		269.1		217.8		654.1	
农药	41.3	31.4	60	33.6	46.7	34.1	148	99.1
设施维护	259.1	4.5	523.2	11.8	305	36.4	1087.3	52.7
能耗		17.7	19.2	20.9	19.2	18.2	38.4	56.8
设施折旧	200	90.9	200	90.9	200	90.9	600	272.7
劳动成本	500.1	131.5	580.1	152.1	483.8	138.4	1564	422
总成本	1167.7	276	1651.6	309.3	1272.5	318	4091.8	903.3
产量	849.8	454.5	1473.1	545.5	1049.4	363.6	3372.3	1363.6
特级果	62.5		138.7		40		241.2	
特级果价格	4		10		10			
一级果	460.1		656.5		298.5		1415.1	
一级果价格	3.3		4		6			
二级果	35.5	90.9	446.4	181.8	526.7	181.8	1008.6	454.5
二级果价格	1.6	1.6	1.7	2	3	2.5		
残次果	291.6	363.6	231.5	363.6	184.3	181.8	707.4	909
残次果价格	0.7	0.8	1	0.8	0.7	1.6		
销售收入	2029.25	436.32	5003.38	654.48	3900.11	745.38	10932.74	1836.18
均价	2.39	0.96	3.40	1.20	3.72	2.05	3.24	1.35
用工量	62.6	21.9	72.6	25.3	60.6	22.9	195.8	70.1

资料来源：杨金深等，《绿色苹果生产的投入产出与经济效应分析》，《中国农村经济》2006年第11期。

关于消费者对绿色农产品价格的接受程度，杨金深等人利用河北省石家庄市超市的黄瓜和青椒的销售资料，也作了一个很好的研究。主要结论是：绿色农产品的价格是一般农产品的价格的1.88倍，销量份额为17.91%(见表6)。陈志颖在北京的调查得到了366份有效问卷。①主要结论是:34.4%的消费者从来没有买过绿色农产品,52.2%的消费者偶尔购买绿色农产品,13.4%的消费者经常购买绿色农产品。如果假设消费者的农产品消费量相等和10个偶尔购买绿色农产品的消费者等同于1个经常购买绿色农产品的消费者，那么这项调查可得出绿色农产品的销量份额占18%左右的结论。尹世久等人在山东的调查得到了588份有效问卷。②结果表明,对于2~3倍的价格倍数,24.28%的消费者认为太贵,61.07%的消费者认为比较贵,14.6%的消费者认为比较合适。同理,如果假设20个认为价格比较贵的消费者对绿色农产品的购买量相当于1个认为价格比较合适、愿意购买绿色农产品的消费者,那么这项调查也可得出绿色农产品的销量份额占18%左右的结论。

表6　河北石家庄市绿色蔬菜和一般蔬菜的销量份额和价格倍数

项目	一般农产品		绿色农产品			
	销量（公斤）	价格（元 / 公斤）	销量（公斤）	价格（元 / 公斤）	销量份额(%)	价格倍数
黄瓜	5127	1.05	756	1.99		
	4878	1.13	884	2.55		
	10005	1.09	1640	2.29	14.08	2.10
青椒	1896	2.02	496	2.37		
	1968	1.73	890	2.83		
	3864	1.87	1386	2.67	26.40	1.42
合计	13869	1.307236	3026	2.462941	17.91	1.88

资料来源：杨金深等,《我国无公害蔬菜的市场价格与消费意愿分析》,《中国农村经济》2004年第9期。

张晓勇等人的调查表明,消费者对绿色农产品价格的接受程度大多在1.2倍左右(见表7)。郝利等人的调查表明,消费者可接受的无公害

① 陈志颖:《无公害农产品购买意愿及购买行为的影响因素分析——以北京地区为例》,《农业技术经济》2006年第1期。

② 尹世久等:《基于支付意愿的有机食品需求分析》,《农业技术经济》2008年第5期。

农产品的价格倍数在1.2倍以内。[①]尹世久等人对山东5个城市消费者的调查结果表明(见表8),消费者可接受的绿色农产品价格为一般农产品价格的1.28倍,相差不大。

表7 消费者对绿色农产品价格的支付意愿调查结果

额外支付数额	无公害蔬菜		绿色食品		有机食品	
	人数	份额	人数	份额	人数	份额
<20%	154	52	161	54	89	30
20%~40%	42	14	64	21	15	5
40%~60%	19	6	25	8	12	4
60%~80%	1	0	2	1	1	0
>80%	6	2	8	3	10	3
0%	76	26	38	13	171	57

资料来源:张晓勇等,《中国消费者对食品安全的关切》,《中国农村观察》2004年第1期。

表8 消费者对绿色农产品的认知和价格支付意愿调查结果

项目	济南	青岛	淄博	潍坊	日照	合计
认知率	48	56	42	45	37	46
价格倍数	1.30	1.31	1.27	1.27	1.25	1.28

资料来源:尹世久等,《基于支付意愿的有机食品需求分析》,《农业技术经济》2008年第5期。

2.基于可支配收入的绿色农产品需求分析

根据上文的分析,可以为下面的情景分析做出三点说明。第一,从总体上看,将绿色农产品的价格定为一般农产品的价格的2倍或3倍,不会发生绿色农产品价格低估问题。第二,将我国目前具有消费绿色农产品支付能力的人群定为10%,不会发生消费人群高估问题。第三,

---

① 郝利等:《消费者对无公害农产品认知与行为的计量经济分析》,《农业系统科学与综合研究》2009年第1期。

虽然这部分人群会分散在各个收入组内，但占人口10%的最高收入组内的人群无疑都具备了消费绿色农产品的支付能力。为了分析上的方便，我们将最高收入组已经达到的可支配收入，作为具备消费绿色农产品的支付能力的门槛。

情景1：按照调查，目前占总人口10%的最高收入人群具备了消费绿色农产品的支付能力。据此，我们把其他收入组人群的食品消费支出达到目前最高收入人群的食品消费支出的年限，作为其具备消费绿色农产品的支付能力的条件，那么，按人均收入的年增长率5%计算，到2014年、2018年、2021年、2026年、2029年和2035年，消费绿色农产品的人群将分别达到20%、40%、60%、80%、90%和100%（见表9）。

表9　绿色农产品消费市场的占有率变化的第一种情景

项目	收入分布						
	最高收入10%	高收入10%	中等偏上20%	中等收入20%	中等偏下20%	低收入10%	最低收入10%
可支配收入（元）	43613.75	26250.1	19254.08	13984.23	10195.56	7363.28	4753.59
消费性支出（元）	26982.13	17888.18	13316.63	10344.7	7993.67	6195.32	4532.88
食品支出（元）	7874.14	6087.25	5043.63	4181.25	3428.85	2846.26	2182.29
第6年		8157.497					
第10年			8215.5418				
第13年				7884.37			
第18年					8251.936		
第21年						7929.57	
第27年							8147.48

资料来源：国家统计局编，《中国统计年鉴（2008）》，中国统计出版社，2009年。

情景2：假设绿色农产品的价格是现在一般农产品价格的2倍或3倍，那么消费者的食品支出达到目前食品支出的2倍或3倍，就具备了购买绿色农产品的支付能力。人均纯收入的年增长率按5%计算，到第

15年，购买食品的支出将是现在的2倍，到第23年，购买食品的支出将是现在的3倍，即到2023年或2031年，我国居民将普遍具备消费绿色农产品的支付能力。当然，由于各收入组的收入差异依然存在，各收入组人群消费的绿色农产品的品质仍会有较大的差异（见表10）。

表10　绿色农产品消费市场的占有率变化的第二种情景

收入分布	可支配收入（元）	消费性支出（元）	食品支出（元）	第15年食品支出（元）	第23年食品支出（元）
最低收入10%	4753.59	4532.88	2182.29	4536.82	6702.96
低收入10%	7363.28	6195.32	2846.26	5917.17	8742.36
中等偏下20%	10195.56	7993.67	3428.85	7128.33	10531.79
中等收入20%	13984.23	10344.7	4181.25	8692.52	12842.81
中等偏上20%	19254.08	13316.63	5043.63	10485.34	15491.63
高收入10%	26250.1	17888.18	6087.25	12654.96	18697.13
最高收入10%	43613.75	26982.13	7874.14	16369.77	24185.61

以上两种情形都假设食品支出的增长与人均纯收入、生活费用支出的增长速度一样，然而，食品支出占人均收入和生活消费支出的份额具有下降的趋势。所以，上述两种情景分析结果具有不合理性。于是，需要进一步设置情景。假设恩格尔系数下降到0.3以下，便具备了消费绿色农产品的支付能力，这样就可以估计各个收入组人群具备消费绿色农产品的支付能力的年限。

我们利用《中国统计年鉴（2008）》里的横截面数据，估计消费支出与可支配收入的关系（我们先利用1978~2008年的时间序列数据进行回归分析，结果表明，回归的效果远不如用2008年的横截面数据做出的效果，所以选择了后者）。回归结果表明，它们之间的相关性极为显著，调整后的R^2为0.9979，t检验的效果也很好（括号里的8.78和53.54分别为常数项和可支配收入变量的t检验值）。据此，又估计了恩格尔系数与可支配收入之间的相关性。结果表明，恩格尔系数与可支配收入的相关性也非常强，调整后的R^2为0.9327。t检验的效果也很好（括号里的42.31和–9.17分别为常数项和可支配收入变量的t检验值）。

消费支出与可支配收入的关系：

Y=2075.451+0.57988X

（8.78）　（53.54）

调整后的R^2为0.9979。

恩格尔系数与可支配收入的关系：

Y=48.39428–0.00048X

（42.31）（–9.17）

调整后的R^2为0.9327。

我们利用第一个回归方程，计算与人均收入变化相关的生活支出；利用第二个方程，计算与人均收入相关的恩格尔系数和食品支出。由此可以看出，当人均收入达到39000元时，恩格尔系数将会降至0.30以下，与其对应的生活支出和食品支出分别为24691元和7327元。

目前，占总人口10%的最高收入人群的人均可支配收入已经具备了消费绿色农产品的支付能力，假设各组人群的人均食品消费量一致，则目前我国绿色农产品需求占农产品总量的10%。人均收入的年增长率按5%计算，到2017年、2023年、2030年、2036年、2043年和2052年，我国绿色农产品需求占农产品总量的份额将分别达到20%、40%、60%、80%、90%和100%（见表11）。

表11　绿色农产品消费市场的占有率变化的第三种情景

收入分布	2008 年	2017 年	2023 年	2030 年	2036 年	2043 年	2052 年
最高收入 10%	43614						
高收入 10%		40723					
中等偏上 20%			40028				
中等收入 20%				40908			
中等偏下 20%					39968		
低收入 10%						40616	
最低收入 10%							40677

3.基于绿色农产品生产统计的供给情景分析

供给角度的绿色农产品情景分析可以从绿色农产品产量和绿色农产品产地的耕地监测面积两个角度分析。

表12是1994~2009年绿色农产品的生产和监测情况，根据这些数据,并假设今后按这些年的平均增长率变化,可以构建一个预测绿色农产品增长的模型,即:

$Y=-1477641+740.0071X$

（-12.7977）（12.83）

调整后的R^2为0.9212。

表12　1994~2009年绿色农产品生产情况

年份	产量(万吨)	监测面积（万公顷）	年份	产量(万吨)	监测面积（万公顷）
1994	70	24.6	2002	2500	444.7
1995	210	113.3	2003	3260	514
1996	360	213.3	2004	4600	596
1997	630	214.2	2005	6300	653.3
1998	840	225.6	2006	7200	1000
1999	1106	237.5	2007	8300	
2000	1500	333.3	2008	9000	
2001	2000	383.7	2009	10000	1266.7

根据这个模型可以算出:2020年、2030年、2040年和2050年的绿色农产品产量为1.7亿吨、2.4亿吨、3.2亿吨和3.9亿吨。我国产量过亿吨的农产品有蔬菜(6亿吨)、粮食(5.5亿吨)和水果(2亿吨),过千万吨的农产品有油料(0.3亿吨)和糖料(0.1亿吨)。这几项合在一起,总共14亿吨左右。2050年绿色农产品产量约占全部农产品产量的23%。这样的速度显然大大低于消费者有支付能力的需求预期(见表13)。

表13　绿色农产品产量供给满足国民有支付能力需求的情形分析

年份	产量(万吨)	年份	产量(万吨)	年份	产量(万吨)
2010	12500	2025	104600	2040	171600
2015	32500	2030	135100	2045	178600
2020	65000	2035	157100	2050	180000

根据表12中纳入监测的耕地数据,并假设今后按这些年的平均增长率变化,可以构建一个预测绿色农产品产地纳入监测的耕地增长的模型,即:

Y=–157689+79.04341X

（–7.38）（7.40）

调整后的R^2为0.8175。

根据这个模型可以算出:2020年、2030年、2040年和2050年的绿色农产品产地的监测面积为1980万公顷、2770万公顷、3560万公顷和4350万公顷。按我国保持12000万公顷耕地计算,2050年绿色农产品产地的监测面积约占全部耕地的36%。这样的速度显然也大大低于消费者有支付能力的需求预期(见表14)。

表14　用于绿色农产品生产的耕地面积与
满足国民有支付能力需求的情形分析

年份	面积(万公顷)	年份	面积(万公顷)	年份	面积(万公顷)
2010	1450	2025	6515	2040	11250
2015	2650	2030	8515	2045	11865
2020	4350	2035	10125	2050	12000

鉴于近10来年的平均增长率,无法实现未来的供需平衡,又不宜压低消费者有支付能力的绿色农产品需求,所以解决未来的供需平衡问题必须从提高绿色农产品的增长速度入手。

从表12中的数据变化可以看出，绿色农产品增长的基本特征是:

时间t很小时，绿色农产品呈指数型增长，t大到一定值后，绿色农产品的增长趋于下降，且会越来越接近于一个确定的值，所以，绿色农产品的产量变化可以用逻辑斯谛方程加以估计，即

$dN/dt=rN$，经过调整，等式可转换为

$r=dN/(Ndt)$

式中：r是绿色农产品增长的瞬时系数

两边积分并变换，可得：$N_t=N_0e^{rt}$

式中，N_0为始点时的绿色农产品产量或消费量，N_t为时间为t时的产量或消费量，e是自然对数的底。等号两侧都取自然对数，可得：

$\ln N_t=\ln N_0+rt$

$r=(\ln N_t-\ln N_0)/t$

在绿色农产品增长中任取两个时间N_t、1和N_t、2，并将统计出的绿色农产品产量，替代式中的N_0和N_t，并用(t_2-t_1)替代t。就可以算出指数r。

（三）中国绿色农业发展的优先序

1.绿色农业的公共投资优先序

我国农业公共投资的排序依次为：农业技术研发投资、农业应用技术培训投资和农村基础设施投资。基于此，要优先增加绿色农业技术研发投资，促进绿色农业技术研发，提高创新的技术含量，为绿色农业发展构筑强有力的技术保障体系。其次，要增加绿色农业技术培训和推广投资，完善绿色农业技术推广体系，促进绿色农业知识的普及，全面提高绿色农业从业者的素质。第三，要加大以水利为重点的农业基础设施投资，为绿色农业的产业化经营创造必要的条件，带动绿色农业的发展。同时，要继续增加农村生态环境投资。

补贴政策对绿色农业发展有促进作用，但不是必要条件。政府的公共投资和公共服务是发展绿色农业不可或缺的，比向农民发放补贴更重要、更有效。

2.绿色农业的产品优先序

所谓发展绿色农业的产品优先序，就是根据化学农业对各种农产

品的影响的大小，对它们的发展顺序作出选择。总体而言，首先要发展水果、茶叶等受化学农业影响相对较小的农产品，其次要发展涉及的农民和耕地数量较少、更便于进行监控和管理的蔬菜等农产品，以及规模化组织化程度高、也便于进行监控和管理的畜产品、大宗农产品；第三，发展涉及农民和耕地都非常多的粮食作物。

我国绿色农业有无公害农产品、绿色食品和有机食品三类产品，根据无公害农产品、绿色食品和有机食品的定位和发展机制的不同，[①]绿色农业的发展应该按照无公害农产品、绿色食品和有机食品的优先序推进。同理，产品的认证应该以产品认证为主，[②]体系认证为辅。产品认证以无公害农产品为重点，绿色食品为先导。有机食品为补充，不应成为认证重点。

3.绿色农业的空间优先序

所谓发展绿色农业的空间优先序，就是根据化学农业对各地影响的大小，对它们的发展顺序作出选择。化肥、农药过量投入时间越长，累积在耕地上的负面影响越大，耕地达到发展绿色农业要求所需的转换期也越长。总体而言，化学农业的影响平原大于丘陵，丘陵大于山区，与这种影响程度相对应，在空间上应按照山区、丘陵、平原的优先序列发展绿色农业。

我国山区面积大，生态环境好，生物种类多，病虫害轻，是绿色农业的优先发展区。山区要根据市场需求发展名、优、稀土特产品。加强交通、通信等基础设施建设，沟通与城市的联系，将天然的绿色农业逐步提升为现代绿色农业。

---

① 无公害农产品、绿色食品和有机食品有两大区别。一是标准定位不同：无公害农产品达到强制性农产品标准要求，保障基本安全，满足大众消费；绿色食品达到发达国家安全标准，满足更高层次的消费；有机食品执行国际通行标准，主要服务于出口贸易。二是发展机制不同：无公害农产品实行政府推动的发展机制；绿色食品采取政府推动与市场拉动结合的发展机制；有机食品采取市场运作机制。

② 我国农产品质量安全认证包括产品认证和体系认证。产品认证有无公害农产品、绿色食品和有机食品三种类型；体系认证有 GMP(良好生产规范)、GAP(良好农业生产规范)和 HACCP(危害分析与关键控制点)三种形式。

中部粮食主产区农产品总量大、商品率高，推进绿色农业产业化的条件较好，是发展绿色农业的主战场。但存在过量使用农药、化肥、饲料添加剂等问题，要在维持农产品总产量的前提下逐步改善农业生态环境，逐步扩大以粮食作物为主和饲料作物为辅的绿色农产品种植。东部交通便利，具有资金、技术和信息优势，但地价较高，绿色农业适宜布局在污染较轻的远郊县。东部地区要发展现代设施农业，利用各种环保技术、生物技术、节水技术和生物农药、生物肥料，生产以蔬菜、水果、肉蛋奶为主的绿色农产品。

4.绿色农业竞争策略的优先序

农产品的竞争有价格竞争和差异性竞争之分。我国已经进入城乡居民普遍越过温饱线和农产品长期处于供需平衡状态的阶段。价格竞争的影响力将逐渐趋小，而差异性竞争的影响力会逐渐增大。农产品差异性竞争表现在三个方面：其一是产品质量的竞争，其二是产品稀缺性的竞争，其三是农业生产对维护和提升资源、生态、环境可持续性的竞争。

在农产品市场上，与产品质量、产品稀缺性对应的价差，消费者是愿意支付的；而用于维护和提升资源、生态与环境可持续性的追加成本，愿意支付的消费者肯定会有，但不愿意支付的消费者的数量会更多。鉴于由此产生的正外部性是全社会分享的，所以这部分成本应由政府采取以奖代补的方式对生产者给予补偿。

消费者通常采取外观观察、食用体验和品牌认同三种方式来把握农产品的质量。从单次交易看，外观观察没有滞后性，食用体验略有滞后性，品牌认同有较长的滞后性。从长期交易看，根据外观观察和食用体验作出购买决策的累积交易成本很高，而根据品牌认同作出购买决策的累积交易成本很低。绿色农产品必须经得起消费者的外观观察和食用体验，但主要通过品牌认同占有农产品市场。

上述分析表明，绿色农业的生产经营者应该采取品牌、差异性和价格竞争的优先序。

自述之六

20世纪90年代末之前，我国亟待解决的是农产品短缺问题。化肥农药的过量投入一方面促进了农产品总量的快速增长，另一方面对农业生态系统造成了越来越大的负面影响，使得农业绿色转型变得越来越迫切。进入21世纪以来，城乡居民购买农产品的支付能力的不断提高，对食物安全需求的不断增强，则对绿色农业转型施加越来越大的积极影响。

绿色农业是与资源、生态和环境具有互补性的现代农业。它通过制定和实施农产品标准、投入品使用准则、生产技术规程和农产品质量安全可追溯体系，保障消费者的健康；它利用物种共生、物质循环和能量转换的关系，促进农业污染治理和生态环境保育。绿色农业保持了常规农业的优点，克服了常规农业产品质量、生态安全、环境安全低的缺点。绿色农业是符合可持续发展、食物安全和全球经济一体化要求的农业，是绿色经济的重要内容。

绿色农业发展的总体目标是：用50年的时间基本建成绿色农业体系，达到食物安全、农业资源安全和农业生态安全，农民收入达到城镇居民收入水平，农业实现可持续发展。

为了检验这个目标的可行性，首先根据绿色农产品的产量和产地监测面积的时间序列资料进行趋势外推，得出了2020年、2030年、2040年和2050年的绿色农产品种植面积为1980万公顷、2770万公顷、3560万公顷和4350万公顷和绿色农产品产量为1.7亿吨、2.4亿吨、3.2亿吨和3.9亿吨的估计。其次，根据目前占总人口10%的最高收入人群具备消费绿色农产品的支付能力的调查结果，其他收入组人群的食品消费支出达到目前最高收入人群的食品消费支出的年限作为其具备消费绿色农产品的支付能力的条件，以及人均收入的年增长率为5%的假设，作出了2014年、2018年、2021年、2026年、2029年和2035年，消费绿色农产品的人群将分别达到20%、40%、60%、80%、90%和100%的估计。根据绿色农产品价格是一般农产品价格的2倍或3倍的高限，消费者的食品支出达到目前食品支出的2倍或3倍就具备了购买绿色农产品的支付能力的判断，以及人均收入年增长率为5%的假设，做出了2023年或2031年我国居民将普遍具备消费绿色农产品的支付能力的估计。

最后，分析了中国绿色农业发展的优先序：

一是绿色农业的公共投资优先序。补贴对绿色农业发展有促进作用，但不是必要条件。政府为绿色农业发展提供公共投资和公共服务，要比向农民发放补贴更重要、更有效。绿色农业公共投资的优先序是：首先要增加绿色农业技术研发投资，提高创新的技术含量，为绿色农业发展构筑技术保障体系。其次要增加绿色农业技术培训和推广投资，完善绿色农业技术推广体系，全面提高绿色农业从业者的素质。第三要加大农业基础设施投资，为绿色农业的产业化经营创造必要的条件，带动绿色农业发展。

二是绿色农业的产品优先序。首先要发展水果、茶叶等受化学农业影响相对较小的农产品，其次要发展涉及农民和耕地数量较少、更便于监控和管理的蔬菜等农产品，以及规模化、组织化程度高的畜产品，然后再发展涉及农民和耕地都非常多的粮食作物。

三是绿色农业的空间优先序。我国山区面积大，生态环境好，生物种类多，病虫害轻，是绿色农业的优先发展区。中部地区农产品总量大、商品率高，推进绿色农业产业化的条件好，是发展绿色农业的主战场。东部地区要发展现代设施农业，利用各种环保技术、生物技术、节水技术和生物农药、生物肥料，生产以蔬菜、水果、肉蛋奶为主的绿农产品。

提高农产品质量的生产支出应由消费者支付，维护和提升资源、生态与环境可持续性的支出应由政府采取以奖代补的方式对生产者给予补偿，因为这部分正外部效益是由全社会分享的。

农业发展类型变化的经济学分析*

各种农业类型都是人均资源禀赋变迁诱发出来的，但它们依赖的基础有较大的不同。原始农业依赖自然生产力高的土地，传统农业依赖栽植经验和灌溉条件，现代农业依赖人造资本对土地和劳动力的替代，生态农业则依赖人力资本对人造资本的替代。随着农业类型的变化，宜农地将依次发生4次变化：即最易于开垦的土地、最适于作物生长的土地、最便于产品进入市场的土地、最适于保持农业生态环境稳定的土地。

人类步入生物科学、生命科学时代以后，原来以非生物资源替代生物资源的方向，将转为生物资源替代非生物资源的方向。这种转换决不是人类历史的简单回归，而是人类科学体系发生重大跃迁的结果，是在更高的发展层次上产生的否定之否定。此时，整个经济增长将建立在生物资源的基础上，环境、生态和人类发展的关系将是互补的，而不再是竞争的关系。

一、农业发展类型的变化

人类伊始，是以渔猎和采集为生的。无论是渔猎动物还是采集植物果实，均依赖于大自然的恩赐。渔猎和采集都要以大量的生物资源储备为基础，土地的人口承载力是非常低的。据估计，渔猎和采集时期的土地承载力仅为0.02~0.03人/km^2，①随着人口的逐渐增多，这种生活

* 本文发表于《中国农村观察》2001 年第 2 期。

① 更为详细的估计是：在冬季也很温暖、物产丰饶的地区，每平方英里（相当于 2.59km^2）也只能养活 1 至 2 名食物采集者；在气候寒冷的地方，在热带丛林区或沙漠地带，养活一名食物采集者需要 20~30 平方英里的地盘。参见《全球通史：1500 年以前的世界》，上海社会科学出版社，1988，第 82 页。

方式变得越来越难以为继了。人类不得不改变立即食用所捕获的动物或所采集的果实的习惯，开始尝试着饲养它们或种植它们。有关可驯化的动物和可培育的植物的知识以及饲养和种植它们的适宜方法，在试验的过程中逐渐积累起来了，由此完成了发展原始农业所需的技术创新。

然而，技术知识的进展还不足以支撑原始农业的形成。我们知道，渔猎与采集经济中的基本规则是免费利用自然资源。在该规则下，全部资源都是大家的财产而不是某个人的财产，每个人都有权捕捉(或采集)和消费他们发现的各种有用的动物(或植物果实)。倘若该规则仍然流行，从事农业生产的人就不得不面临着其饲养的动物和培育的作物的果实被他人拿走的风险，也就产生不了饲养牲畜和种植作物的激励。因此，建立一个明确界定产权的新的社会规则，使农业生产者能够借助于它消除他人侵占其劳动成果的可能性，也是发展农业的前提条件。与这种制度需求相对应，在农业文明的发展过程中，首先界定的是牲畜和作物的产权，尔后扩大到农业用地上。产权界定拓展到农业用地之后，人们改善土地质量的激励大大增强了，他们的主要活动有：捡石头、刨树根、围篱笆、修梯田，以及修建排灌设施等；产权的形式则由最初的部落或村庄的公社所有制细化到农户或个人所有的私有制。私有制具有更强的排他能力，所以产权形式的这种变化，进一步诱发了农民向土地投资的激励。由此完成了发展原始农业所需的制度创新。伴随着原始农业的形成，[①]土地的平均承载力由0.02~0.03人/km^2上升到0.5~2.7人/km^2，是原来的25~90倍。

在原始农业中，种植业和畜牧(养殖)业是两个相互独立的分支，它们各自完成自己的物质循环和能量转换。虽然农田和草地有更新能力，但它们的更新速率不足以补偿生产中消耗掉的自然肥力或可食性资源，所以此时的种植业和畜牧(养殖)业尚不能在固定的地块上实现

---

① 一种更为合理的解释是：只有尝试饲养动物或种植作物，并成功地完成了发展原始农业所需的技术创新和制度创新的人群继续得到繁衍与发展，那些没有进行尝试或尝试没有获得成功的人群，则有可能遭到了灭顶之灾。

持续生产。为了解决地力恢复问题，不得不采取轮耕制和游牧制。[①]由于在原始农业中仍有大量土地不得不处于休闲状态，所以土地的人口承载力仍然很低。随着人口的继续增长、消费构成与消费水平的继续提高，原始农业越来越难以为继了。为了克服所面临的困境，人类完成了将两个相互独立的循环整合成一个互补的循环的技术创新，即将种植业的“废弃物”作为养殖业的饲料，将养殖业的“废弃物”作为种植业的肥料，从而实现了农业在固定地块上的持续生产，由此形成了传统农业。[②]在以作物种植和动物养殖有机统一为标志的传统农业阶段，土地的平均承载力由原来的0.5~2.7人/km^2上升到40人/km^2，是原来的14.8~80倍。

在完全依赖有机物质循环的传统农业中，土地产出受到耕作层土壤中有机养分有限、农作物转换太阳能的能力有限以及作物生长发育遭遇自然干扰的三重制约，因而土地的人口承载力仍然不可能很高。随着人口的继续增长和消费构成及水平的继续提高，传统农业也越来越难以为继了。为了克服所面临的困境，人类又将单纯依靠有机物循环的农业，拓展为有机物与无机物共同循环的农业，由此形成了现代农业。在现代农业中，不仅农艺发生了巨大变化，参与者也发生了巨大变化。其中，科研部门培育出了能量转换效率更高、吸收能力更强的优质载体（作物或禽畜）；工业部门生产出了更便于优质载体吸收和转换的肥料和饲料添加剂，有助于优质载体抵御病虫害和疾病的农药和兽药，以及用于改善优质载体生长、发育环境的塑料薄膜大棚和可控制温度、湿度的圈舍等。这种将有机物与无机物组合在一起的技术创新，使土地的平均承载力由40人/km^2上升到160人/km^2，是原来的4倍（见表1）。

---

① 轮耕和游牧，是原始农业中采用的恢复耕地和草地自然生产力的措施。

② 进入以定耕为特征的传统农业发展阶段之后，耕地拓展对森林、草地的破坏必然是毁灭性的。也就是说，历史上的森林和草地主要是在耕地能依靠种植业与养殖业的互补性，实现持续生产的传统农业发展阶段消失的，而并非在必须依赖森林、草丛充当肥料，舍此就无法持续的原始农业发展阶段。

表1　农业类型与土地承载力

农业类型	土地承载力(人/km^2)	变化(倍数)
渔猎时期	0.02~0.03	
原始农业	0.5~2.7	25~90
传统农业	40	14.8~80
现代农业	160	4

资料来源:陈耀邦主编,《可持续发展战略读本》,中国计划出版社,1996年,第57页。

现代农业也是由农产品供不应求的市场信号诱发出来的，然而，现代农业作为科学技术加速发展的产物,又有不同于其他农业类型的特征。这就是:原始农业和传统农业旨在逼近可达到的增长极限,而现代农业旨在形成突破极限制约的能力。这种能力具有两重性:一方面,它化解了农产品短缺对经济增长的制约;另一方面,过快的增长又造成了农产品剩余,并对生态环境施加了一系列负面影响,如过量使用化肥造成的水体富营养化，过量使用农药造成土壤中有毒元素的增加,过量使用塑膜造成土壤中含有大量不易溶解的化学物质。此外,无机物的过量使用还直接造成农产品污染等问题。

为了消除大量使用化学物品造成的农产品中有毒成分超标、水体富营养化和土壤污染等一系列负面影响,人们除了着力研制无残留农药、可降解塑料薄膜和精确定量、定时施用化学物品的方法等这些应对措施外，还在进行将生产循环与生态循环有机统一起来的技术创新,试图用生态农业类型替代现代农业类型。笔者曾经指出,现有的生态农业技术还不足以引发一次农业革命,要真正完成农业革命,生态农业技术创新必须升级。[①]同时又认为,随着社会发展和科学进步,现代农业类型提升为生态农业类型的条件会越来越好，速度会越来越

① 李周:《生态产业初探》,《中国农村经济》1997 年第 7 期。

快。所谓生态农业，就是在具有新质的技术创新的基础上，实现可再生资源（能源）对不可再生资源（能源）的替代，低级资源（或能源）对高级资源（或能源）的替代，以及物级（能级）转换链的延长和资源（或能源）利用率的提高，从而实现农业产出增长、经济效益提高与农业生产潜力保护、农业生态环境改善的有机统一。进入生态农业发展阶段以后，将会发生的主要变化有原先按平均生产率由高到低顺序进入的边际土地开始由低到高反序退出（它的表现形式是退耕还林和退耕还草等），耕地的平均质量变得越来越好；土地休耕现象再次出现，但此时的休耕不再是为了解决地力恢复问题，而是为了限制农产品产量、保存资源生产潜力和保护农业生态环境。如果说上面所述的农业类型变化是历史发展的必然，那么我们就有理由对农业可持续发展和人类前途充满信心。

二、农业发展前景的展望

按照先行发达国家的经验总结出来的所谓经典发展方式，是一个工业化、城市化和市民化的过程。在这个过程中，农业占国民经济的比重会越来越小，国民经济对自然生态环境和生物资源的依赖性会越来越小；农村的空间会越来越小；农民的人数会越来越少。然而，这种发展模式很可能不是经济发展的唯一道路，而仅仅是科学发展不平衡时代的产物。更直截了当地说，它很可能是最近一二百年里物理学，尤其是力学的发展遥遥领先于生物科学、生命科学的结果。

最近几十年，生物科学、生命科学的发展越来越快，一些察觉到人类将进入生物科学、生命科学时代之端倪的有识之士，作出了21世纪将是生物科学、生命科学世纪的预测。一旦人类进入生物科学、生命科学时代，最重大的转折可能是资源替代方向的变化，即由原来以非生物资源替代生物资源（如煤炭、石油替代生物质能，合成纤维替代天然纤维）的方向，转为生物资源替代非生物资源（如生物质能替代煤炭、石油，天然纤维替代合成纤维）的方向。随着森林中的生物质能资源和水体里的藻类资源培育技术体系的不断升级，生物多样性资源的作用越来越大，最终会形成以生物资源为基础的可持续发展模式。一个对生物资源依赖性越来越大的发展模式，替代一个对生物资源依赖性越来越小的发展模式，绝不是人类历史的简单回归，而是人类科学体系发生重大跃迁的结果，是在更高的发展层次上产生的否定之否定。

在以生物资源为基础的发展模式中，农业将不仅是食品生产部门，而且是重要的能源生产部门。从理论上讲，可以把物质划分为能源和资源两大类。根据物质不灭定律，任何资源都是可再生的。例如，废钢铁、废纸、废塑料乃至废水等，只要投入足够的能源，都可以再生出来。[①]能源有两类：一类是流量性能源，即太阳能。辐射到地球上的太阳能相对于人类的能源需求是取之不尽、用之不竭的，但它的能级很低，难以直接满足人类的许多能源需求。一类是存量性能源，即化石能源。它们是高能级能源，可以满足人类的各种能源需求，但它们（按人类社会的尺度而并非地质尺度）是不可再生的，用一点就会少一点，总有一天会被用完。从这个意义上讲，人类社会可持续发展的关键，就是完成高效蓄积流量性能源的技术创新，以及把低能级的流量性能源提升为高能级的能源的技术创新。其中，高效蓄积流量性能源是农业部门必须承担的重要职责，而通过工业装置和光热转换、光电转换途径，直接将太阳能转换为高能级能源，以及间接地将蓄积在生物资源中的太阳能转换为高能级能源，则是工业部门的任务。

在直接转换太阳能方面，目前最有前景的是太阳能制氢技术。原联邦德国在诺固堡建立了世界上第一座太阳能制氢和电解的实验工厂。据测算，将1.1万平方米的太阳能电池板耦合到氢能技术中，所产电能相当于中国一年发电量的10%左右。另外，太阳能技术与高温金属

---

① 所谓生产，就是通过能源的投入，把资源转化为社会所需的使用价值和价值的过程。其中：农业是利用生物所具有的累积流量性能源的功能，将劳动对象转换为产品的过程；工业则是通过存量性能源的投入，将劳动对象加工成各种产品的过程。所以讲到底，这就是工业和农业的共性。流量性能源的能级很低，难以直接替代存量性能源，但是，通过光电转换、光热转换，可实现可持续发展。

相变贮能技术相结合，贮能温度可达800℃。这些消除了太阳能流密度小、受日夜阴晴影响大等不足的技术创新，将会给太阳能利用带来革命性的变化。①

在蓄积太阳能方面，森林和藻类是最为重要的载体。森林是陆地中生物生产力最高的生态系统，年生物量可达31.7克/m²·年，是农田平均水平（1克/m²·年）的30多倍，而且适宜培育森林的土地资源比耕地资源多得多，树木对气候变化的抗逆性要比农作物强得多，森林的环境保护功能要比耕地大得多。通过国土综合治理，把适宜发展林业的土地资源都充分利用起来，森林将会对经济增长、环境改善和可持续发展施加巨大的正面影响。藻类也将成为重要的生物质能资源。对一种可在温带和热带地区的淡水或半咸水中大量繁殖的单细胞藻——丛粒藻所作的实验结果表明：每年每公顷可得60吨碳氢化合物。仅以我国尚未利用的200多万公顷淡水水面计算，就可得到1.48亿吨碳氢化合物，这与我国石油产量相差无几。如果按尚有的可供水产之用的1亿公顷海面计算，前景就更可观了。

森林中的树木和水体中的藻类，实际上都是吸收太阳能资源的载体，一旦这些开发利用技术获得突破，整个经济增长建立在可再生资源基础上的理想就将变为现实。加上与其配套的生物化学、基因工程和智能加工系统，形成无废弃物的工艺和技术体系，对上述可更新资源进行加工，就将逐步替代原有的以不可更新资源为基础的工业。此时，由大气—水—生物—土地组成的生态圈，不仅是人类生存与发展的生态屏障、农业的资源基础，而且成为能源工业、生物化工业的资源基础，整个经济增长将建立在可再生资源的基础上。环境、生态和人类发展的关系将是互补的，而不再是竞争的关系。

① 引自邓英淘1995年在中国社会科学院农村发展研究所举办的“农业发展与环境”国际研讨会上的演讲。

三、农业发展类型变化的经济学含义

(一)从诱致性变迁理论引申出的假说

根据技术创新和制度创新都是由自然资源禀赋变化诱致出来的理论,似乎可以作出如下假说:一方面,人类总是在维持其生存环境的前提下选择较为简单的资源利用方式,即他们在选择资源利用方式时不愿舍易求难,而且人类掌握的知识越有限,就越有可能选择更为简单的资源利用方式。虽然生物资源可以更新,但保持它的总量不变并非容易,所以人口增长通常会引起人均生物资源禀赋的下降。人均生物资源禀赋的下降,一方面,会使已选择的资源利用方式发生由适宜到不适宜的变化;另一方面,当采用的资源利用方式无法满足社会可持续发展的要求以后,人类会进行技术和制度创新,以提高特定资源禀赋的承载力,使生物资源禀赋、资源利用方式和社会持续发展三者继续保持协调。人口增长越快,由人均生物资源禀赋下所诱发的技术创新和制度创新的频率就越高。从某种意义上讲,社会的发展过程,就是在人口增长和被利用的自然资源禀赋下降的诱致下,通过技术和制度创新,实现相对丰富的自然资源(包括原先尚未利用的自然资源)对相对稀缺的自然资源(包括因利用过度而急剧减少或耗竭的自然资源)的替代,以及人造资本、人力资本对自然资本(自然资源)的替代,实现社会发展持续性的过程。[①]由此作出的三个推论是:第一,人类采用的任何技术都有某种程度的可持续性,又都不可能永远持续下去。它们的差异表现为可持续性强弱的不同,而不是有无可持续性之分。[②]第二,一种技术所需的特定条件越严格,其可持续性就越弱,反之,其可持续性就越强。第三,农业可持续发展的实质,就是不断加快技术创新和制度创新,从而用持续性更强的技术和制度替代持续性相对较弱的技术和制度。

---

① 李周:《引导可持续发展:经济学家的责任》,《科技导报》1996年第8期。

② 李周等:《发展的后劲》,江西人民出版社,1999。

(二)农业的基础随着农业类型的变化而变化

各种农业类型确实都是人均资源禀赋变迁诱发出来的，但各农业类型所要解决的问题和所依赖的基础是不同的。从表2可以看出，原始农业和传统农业要解决的是农产品总供给不足的问题，但它们所依赖的关键要素有所不同，前者的关键要素是自然生产力高的土地，后者的关键要素是自然资本，即除了土地自然肥力外，还包括作物选择、品种选择乃至自流灌溉条件，等等。现代农业不仅有农产品供需平衡目标，还要化解土地和劳动力资源流出的问题，它的主要措施是依靠人造资本对土地和劳动力进行替代。生态农业除了现代农业的目标以外，又增加了化解生态环境压力的目标，它的主要措施是通过能量与物质的多级转换，把生产与生态有机地结合起来，所依赖的关键要素是人力资本。农业的支撑体系也在农业发展类型提升的过程中逐渐完善了。在原始农业中，工具革新是支撑农业增长的主要内容；传统农业的支撑体系除了工具革新以外，还包括经验科学，且后者的作用随着时间的推移显得越来越重要；在现代农业的支撑体系中又增添了实验科学的内容，且实验科学的作用随着时间的推移越来越显著；生态农业的支撑体系则包容了更多的科学分支，例如计算机模拟生长发育过程和太空育种等。

表2　农业发展类型的基本特征

农业类型	基本目标	关键要素	技术特征	支撑体系	最优土地
原始农业	化解供给压力	自然生产力	分离的有机循环	工具革新	易于开垦耕作
传统农业	化解供给压力	自然资本	互补的有机循环	经验科学	宜于作物生长
现代农业	化解资源压力	人造资本	有机与无机结合	实验科学	便于进入市场
生态农业	化解生态环境压力	人力资本	生产与生态结合	系统科学	适于持续发展

(三)宜农地随着农业发展类型的变化而变化

伴随着农业类型的变化，宜农地也在发生变化。在渔猎时期，完全依赖于大自然的恩赐,最优的土地是天然生长着食物的土地。在原始农业时期,生产工具还非常落后,最优的宜农地是最易于开垦的土地,如裸土。[①]在传统农业时期,铁制工具已经出现,人类开拓土地的能力有了显著提高,此时最优的宜农地是最适于作物生长的土地。与此相对应,耕作疆界出现了南移和东移的现象。在现代农业时期,土地自然肥力对农业的影响越来越小,最优的宜农地是农产品最便于进入市场的土地。而在生态农业时期,农产品短缺问题已经解决,最优的宜农地是农业生态环境最稳定的土地。也就是说,随着农业类型的变化,宜农地将依次发生4次变化:即最易于开垦的土地、最适于作物生长的土地、最便于产品进入市场的土地、最适于保持农业生态环境稳定的土地。[②]

(四)农业发展类型升级与可持续发展

农学的进展远远滞后于物理学、力学的进展,是最近一二百年里农业相对萎缩的主要原因。随着生物科学、生命科学时代的来临,这种情形很有可能得以扭转。其中最显著的标志可能是资源替代方向的变化,即由原来以非生物资源替代生物资源的方向,转为生物资源替代非生物资源的方向。一个对生物资源依赖性越来越大的发展模式,替代一个对生物资源依赖性越来越小的发展模式,绝不是人类历史的简单回归,而是人类科学体系发生重大跃迁的结果,是在更高的发展层次上产生的否定之否定。

在以生物资源为基础的发展模式中,农业将不仅是食品生产部门,而且是重要的能源生产部门。在蓄积太阳能方面,森林和藻类是最为重要的载体。一旦这些开发利用技术获得突破,整个经济增长建立在生物资源基础上的理想就将变为现实。此时,环境、生态和人类发展的关系将是互补的,而不再是竞争的关系。

---

① 李周:《裸土与农业文明》,《中国农村观察》1997年第3期。

② 这个假说是笔者于1999年底在昆明召开的建设绿色经济强省学术研讨会上提出来的。

参考文献

斯塔夫里阿诺斯.全球通史:1500年以前的世界[M].上海:上海社会科学出版社,1988.

李根蟠,卢勋.中国南方少数民族原始农业形态[M].北京:农业出版社,1987.

玛丽林·周,等.世界粮食问题展望与农业潜力[M].北京:农业出版社,1982.

史念海,曹尔琴,朱士光.黄土高原森林与草原的变迁[M].西安:陕西人民出版社,1985.

杜昌修.中国农业经济发展史略[M].杭州:浙江人民出版社,1984.

自述之七

可持续发展研究与生态经济学研究的重点有所不同，但又有极为相近之处，所以很多生态经济学家都参与了可持续发展研究。关于这个领域的研究，我选择了发表在《中国农村观察》2001年第2期上的《农业发展类型变化的经济学分析》一文。这篇论文想表达的思想是：农业发展的过程，是在人口增长和人均自然资源禀赋下降的诱致下，通过技术和制度创新，实现相对丰富的自然资源对相对稀缺的自然资源的替代，人造资本、人力资本对自然资源替代的过程，也是用持续性相对较强的技术和制度替代持续性相对较弱的技术和制度的过程。各种农业类型都是人均资源禀赋变迁诱发出来的，但它们依赖的基础又有较大的不同。原始农业依赖自然生产力高的土地，传统农业依赖种植经验和灌溉条件，现代农业依赖人造资本对土地和劳动力的替代，生态农业依赖人力资本对人造资本的替代。随着农业类型的变化，宜农地依次发生了4次变化：即最易于开垦的土地、最适于作物生长的土地、最便于产品进入市场的土地、最适于保持农业生态环境稳定的土地。文章最后指出：人类步入生物科学、生命科学时代以后，原来以非生物资源替代生物资源的创新导向，将转为生物资源替代非生物资源的创新导向。这种转换决不是人类历史的简单回归，而是人类科学体系发生重大跃迁的结果，是在更高的发展层次上产生的否定之否定。此时，整个经济增长将建立在生物资源的基础上，环境、生态和人类发展的关系将是互补的，而不再是竞争的关系。

关于可持续发展，我愿意同大家分享的研究心得是：

第一，可持续发展是社会经济发展的必然结果。我利用时间序列资料论证了环境、资源、人口、分配的变化具有库茨涅兹曲线特征的客观必然性，并解释了这四条曲线出现的社会经济原因。

人口库茨涅兹曲线出现的原因有二：一是人口素质提高替代了人口数量增长，二是社会保障体系替代了家庭保障体系。二者相比较，后者比前者更为重要。收入分配库茨涅兹曲线出现的原因是分配制度的完善,形成了包括讲求效率原则的市场第一次分配、讲求公平原则的政府第二次分配和讲求责任原则的社会第三次分配的分配体系。日本的一项研究表明:如果没有任何调节,市场决定的基尼系数将超过0.8,经过政府的第二次分配和社会的第三次分配,基尼系数下降到0.3。世界上最强调市场机制作用的美国,社会的第三次分配的总量占GDP的3%。环境库兹涅茨曲线出现的原因是:环境治理形成包括末端治理(污染治理)—过程治理(清洁生产)—园区治理(工业园区)—全域治理(循环经济)的治理体系;排污权交易制度的扩展和生态补偿制度的推广,使市场机制在环境管理中应用越来越充分;政府可用于环境治理的财政支付能力越来越强,居民有支付能力的环境需求不断增加。资源库兹涅茨曲线出现的原因是:资源利用效率和循环利用程度越来越高,人力资本对自然资本的替代越来越强,科学技术对自然资源的替代越来越强。

第二,可持续发展的关键是找到可持续供给的能源。我把物质分为资源和能源两大类。根据物质不灭定律,只要投入足够的能源,所有资源都是可再生的。这种物质分类方法的理论意义是把农业和工业统一起来,即它们都是借助于能源将资源转换为产品的过程。所不同的是,农业主要利用流量性能源进行产品生产,工业主要利用存量性能源进行产品生产。可持续发展的关键是采用光热转换、光电转换、风电转换、水电转换等方式将太阳能、风能、水能等低能级的可再生能源提升为高能级能源。能源由高能级能源替代低能级能源,再由低能级能源替代高能级能源,是建立是科学基础上的否定之否定。石油等高能级能源的价格上升得越快,利用过程中碳排放的危害性越大,促进低能级能源替代高能级能源的紧迫性就越强,替代技术的研发动力就越足,替代的进程就越快。这是一个漫长的过程,其进程具有不确定性,但这个方向是不会改变的。

第三,可持续发展的基础是保护生态多样性。人们通常把资源划分为可再生资源和不可再生资源两大类。其中,生物资源是可再生资源,非生物资源是不可再生资源。然而真实的情况是:一方面越来越多的非再生资源被再生出来了,另一方面越来越多的可再生资源被灭绝了,由此引申出了保护生物多样性的结论。生物资源的保护(通常称之为自然保护)经历了三个阶段。第一阶段的保护是为科学家发现具有重要经济利用价值的物种服务的。该阶段瞄准的是有可能发现新种的自然生态系统。第二阶段的保护是为技术人员找到更好的农业资源配置服务的。自然生态系统的生产力高于农田生态系统的生产力,意味着自然生态系统为改善农业生产配置指明了方向,此时仿生学已由仿生物跃迁到仿生态系统,该阶段瞄准的是所有具有典型意义的自然生态系统。第三阶段的保护是为所有人提供服务。人们发现可供经济利用的物种是很有限的,但所有物种都是不可或缺的,如果无视它们被灭绝,自然生态系统崩溃的风险就会随着时间推移变得越来越大。该阶段瞄准的是所有的物种和生态系统。

据此提出将可再生能源的能级提升和保护生物多样性作为两个科研重点的结论,对于优化科研资源配置具有一定意义。

裸土与农业文明*

1992~1993年在黄土高原作课题时,我经常在思考:黄帝陵为什么会在黄土高原上?黄土高原成为中华民族摇篮的独特优势是什么?深厚的黄土层同中华民族的发祥地究竟有什么联系?裸土易于耕作的比较优势对原始农业文明的产生有什么作用?裸土孕育了原始农业文明的假说,就是当时冒出来的一个想法。

一、从诱致性变迁理论引申出的一个假说

根据技术变迁和制度变迁都是由自然资源禀赋变化诱致出来的理论,似乎可以作出如下假说:一方面,人类总是在保持其生存环境的前提下选择更为简单的自然资源利用方式,即他们在选择资源利用方式时不愿舍易求难,而且人类的知识越有限,越有可能选择更为简单的资源利用方式。在自然资源中,矿物资源的总量是固定的,用一点就会少一点,生物资源可以更新,但保持它的总量不变也非常不容易,所以人口增长会引起人均自然资源禀赋的下降。人均自然资源禀赋的下降,会使已选择的资源利用方式出现从适宜到不适宜的变化。另一方面,当人类选择的资源利用方式无法满足社会持续发展的要求之后,人类会进行技术和制度变革,以提高特定人均资源禀赋的承载能力,进而使自然资源禀赋、资源利用方式和社会持续发展三者继续保持协调。人口增长越快,由人均自然资源禀赋下降所诱发的技术变迁和制度变迁的频率就越高。从某种意义上讲,社会发展的过程,就是在人口增长和人均自然资源禀赋下降的诱致下,通过技术和制度变迁,实现相对丰富的自然资源(包括原先尚未利用的自然资源)对相对稀缺的自然资源(包括因利用过度而急剧减少或耗竭的自然资源)的替代,以

---

* 本文发表于《中国农村观察》1997年第3期。

及人造资本（包括物质资本和人力资本）对自然资源的替代，进而实现社会发展持续性的过程。[①]下面，将用这种理论来解释裸土与原始农业文明的关系。

二、裸土地带：原始农业文明的发源地

人类的祖先最先是靠狩猎和采集为生的。狩猎和采集都要以大量自然资源储备为基础。据估计，在冬季也很温暖、物产丰饶的地区，每平方英里也只能养活1至2名食物采集者；在气候寒冷的地方以及在热带丛林区或沙漠地带，养活一名食物采集者需要20~30平方英里的地盘。[②]随着人口对自然资源需求的逐渐增大，这种生存方式变得越来越难以为继了。同人均资源禀赋逐渐下降的变化相对应，人类祖先逐渐改变了立即食用所捕获的动物或所采集的植物果实的习惯，开始饲养和种植它们，由此形成了原始农业。

一般认为，原始农业是从森林地带开始的。其理由是：尽管草地上的草很容易烧掉，但地下盘根错节且繁殖力极强的草根层至少占据了整个耕作层，没有翻土工具的原始农人无法将它们清除掉；将森林开垦为农地则没有这样的问题，虽然树根也盘根错节，但它们扎得更深，对耕作层的影响是有限的，而且树根的繁殖力要比草根低得多，所以只要将林木（实际上只除去中小林木，大径级林木仍留在土地上）除去就可以用于耕种。[③]这种解释似乎可以得到目前我国南方少数民族地区尚存的以刀耕火种为特征、以森林为载体的原始农业的支持。

森林地带与裸土地带相比，显然不是最便于进行农业生产的地方。按上面的假说，人类的祖先在选择资源利用方式时不会舍易求难，而最易开垦的是裸土不是森林，所以原始农业应该发源于裸土地带。

---

① 李周：《引导可持续发展：经济学家的责任》，《科学导报》1996年第8期。

② 《全球通史：1500年以前的世界》，上海社会科学出版社，1988，第82页。

③ 这是Saner C.O.的观点，转引自李根蟠、卢勋：《中国南方少数民族原始农业形态》，农业出版社，1987，第54页。

如果人类历史上的原始农业起源于森林地带，该假说就被推翻了。如果要坚持该假说，就要找到原始农业起源于裸土地带的依据。基于这种认识，平时在阅读文献时一直十分留心这个问题，并在一些追根溯源的文献中，找到了原始农业最初形态是以裸土为载体的农业的证据。虽然这些证据会有很多争议，还远远不足以证实这一假说，然而它们却为我增添了信心。我深知，仅凭自己的学识是无法证实这一假说的。但是我愿意把这个想法提出来，作为一个靶子，供专家学者评头品足，更希望有人有兴趣进行深入的探讨。

依据之一：一位研究古代史颇有造诣的历史学家认为，最早出现文明之光的是烈日蒸晒的底格里斯河和幼发拉底河养育的一片荒原。他指出，有一时期，人们曾认为文明的摇篮是尼罗河流域，但现在一致同意，最早的文明中心是苏美尔，也就是《旧约全书》中的“希纳国”（“Land of Shinar”）。苏美尔位于过去称为“美索不达米亚”——大致相当于现在的伊拉克共和国的南部，南临波斯湾，由若干块荒芜的、被风乱吹的小平原组成。约公元前3500年时，一些采用已改进的生产技术，正在耕种这片干旱的荒原的农业公社，成功地完成了从新石器时代的部落文化到文明的过渡。我认为，这里所说的荒原，就是裸土地带，而已改进的生产技术是指木犁。①

依据之二：黄土高原的农耕文明。根据目前的考古资料，我国黄土高原至少在公元前5500年左右就开始种植粟了。至今，在黄土地带已经发现1600余处仰韶、龙山等新石器时代的文化遗址，说明该地区垦殖开始甚早。②据科学家推算，黄土高原上的黄土主要是250万年前逐渐“从天而降”的，其形成过程是西来尘暴和东来湿气在黄土高原上空相遇交锋，以高空泥拦水、水截泥而自动附落形成的黄土沉积，所以黄土具有土质疏松、土层深厚（土层厚度达数十米至数百米）的特征。虽

① 玛丽林·周等：《世界粮食问题展望与农业潜力》，农业出版社，1982，第 309 页。

② 史念海、曹尔琴、朱士光：《黄土高原森林与草原的变迁》，陕西人民出版社，1985，第 67 页。

然黄土高原的积温、空气湿度、降水和日照等气候条件并不理想，但疏松、深厚的黄土地与森林、草地相比，无疑是最容易耕种的土地。我认为，既要利用裸露的黄土易于耕作的特性，又要适应当地的气候条件，可能是我们的祖先选择耐干旱、耐瘠薄能力极强的粟作为主要农作物的主要原因。[①]总之，中国农业文明恰恰出现在具有特殊的地质生态系统、具有“千沟万壑”特征的黄土地带，或许同裸土易于耕作的特征有关。

国外的研究者也持这种看法。他们认为，中国北部的黄土高原土质半干燥，上面稀稀疏疏地覆盖着一层草，即使只有古代挖掘用的木棍，也能够进行植物栽培。所以，中国的土生植物如黍、高粱、稻、大豆、大麻和桑树等早在公元前5000年时已得到种植。小麦和大麦在中国被当作旱地作物进行栽培，而不像在它们的发源地中东种植在水田里。我认为这是不同的自然资源禀赋诱致出不同的技术创新的一个案例。著名经济史学家李根蟠对我国南方少数民族地区尚存的以刀耕火种为特征、以森林为载体的原始农业形态作了详细的考证之后，把这种农业和中原地区在黄土地带和河流两岸冲积平原发展的农业的不同，归结为南方少数民族和古代华夏民族所在地区的差异，[②]实际上也蕴涵了不同的自然资源禀赋诱致出不同的技术创新的思想。

依据之三：中东农耕文明。多数人认为，非洲的农业是约公元前4000年时从中东传入尼罗河流域，约公元前3000年时传播到苏丹的黑人那里，然后再传播到撒哈拉沙漠以南的大草原。中东，也正是遍布裸土的地带。

依据之四：南美洲的农耕文明史。约公元前7000年时，在墨西哥中部高原半沙漠的凹地里，人们开始了对玉米的栽培。在其后的数千年间，通过杂交得到了玉米的两个新品种：一个品种适应于半干旱的墨西哥高原，另一个品种适应于潮湿的热带沿海地带。这里所说的半沙

---

① 杜昌修：《中国农业经济发展史略》，浙江人民出版社，1984，第 5 页。

② 李根蟠、卢勋：《中国南方少数民族原始农业形态》，农业出版社，1987，第 4 页。

漠化土地，无疑也是裸土。

依据之五：大河下游的冲积平原往往是农业文明的发源地。由水力侵蚀作用集聚而成的大河下游冲积平原，实际上也是易于耕种的裸土。这种类型的裸土同便利的取水条件结合在一起，或许是公元前5000年在长江下游产生种植水稻的河姆渡文化的关键。

依据之六：中欧和西欧等其他地区农耕文明的滞后。在尚未进入铁器时代之前，由于没有造价低廉且有效的工具，中欧和西欧因遍布茂密的森林成为农耕文明几乎难以逾越的障碍，以致原始农业在很久以后才出现。

农业文明产生在裸土地区，主要是由当时可利用的农业技术决定的。在农业文明的发展过程中，犁的发明具有举足轻重的作用。最初的犁很简单，是用一棵小树制成的。树上只留一根树枝，在树干的2/3处，向外突出；树枝上的枝杈全部砍去，头削得尖尖的。树干的上端系在两头牛的身上，下端由把犁人扶着；当牛拉树干时，突出的树枝便入地翻土。这一原始的发明物很可能无法耕犁黏土，但是用来耕犁中东半干旱的沙土时，效率还挺高的。到公元前3000年时（有的学者认为木犁出现于公元前3500年），整个美索不达米亚和埃及已普遍使用这种犁。木制、石制农具是原始农业的发源地局限在裸土地带的主要原因，所以，当新的、更有效的铁制工具取代了木制、石制工具后，植物栽培的疆域大大扩展了，不仅从黄河流域扩展到长江流域，从印度河流域扩展到恒河流域，而且从地中海沿海地区扩展到欧洲内地，从非洲的大草原扩展到热带雨林地区。

最后，需要就原先居住在森林里依靠采集和狩猎为生的人类是如何获得裸土易于耕种的经验，并从森林迁移到易于耕种的裸土地带的可能性作出解释。我认为至少存在两种可能性：其一，人类直接在裸土地带获得了这一经验；其二，在由森林火灾形成的裸土地带获得了这一经验。后者是根据自己所了解的林学知识作出的推断，即在漫长的历史进程中，由自然力引起的森林火灾，作为森林演替的有机组成部分，是不可避免地要发生的，裸土易于耕种的经验很可能产生于因森林火灾而形成的裸土(即林学上的火烧迹地)上。由于在原始农业形态下尚没有保持土壤肥力的技术，这种裸土不可能永久地耕种下去;由于这种主要依靠自然力的耕种方式基本上没有破坏火烧迹地恢复植被的能力,这类裸土放弃耕种后又会慢慢恢复为森林。虽然这类裸土上的耕种不是永久性的,但由此形成的经验会转化为知识而永久地流传下来。当具有这种知识的人群发现了大片裸土后,就有可能在这些地方创造出定居型的原始农业。①

或许有人认为,最初的耕种有可能在由森林火灾造成的裸土上产生的假说,恰恰是森林孕育了原始农业的一个例证;而这类裸土并非都能恢复为森林,所以它具有发展定居型原始农业的可能性。对此,需要作一些说明。第一,由于只有易于耕种的裸土能够孕育农业文明,而非裸土(包括森林)却成为它的障碍,所以重要的是裸土的特征,而与它原先是不是森林地带无关。

第二,人类获得裸土易于耕作的知识是因,而通过砍伐和焚烧等措施将一些森林、草地开垦为耕地,通过拣出石块等措施将不毛之地开垦为耕地,都是它的果,这种因果关系不能颠倒。②

第三,以依靠自然力的作用形成的裸土为起点的原始农业,同采用工具砍伐和烧毁森林、草地或利用人力拣出石块等障碍物为起点的原始农业相比,其初始的推动力是不一样的。所以即便在这类裸土上产生定居型原始农业,它也不同于以人力砍伐和烧毁森林为起点的原始农业。

---

① 1996年11月，我在同福建林学院的教师和研究生进行的一次座谈中就该问题进行了讨论。有人指出,如何解释考古学家作出的中国最早的人类活动可能产生于长江流域而不是黄河流域的考证?由此引起了我的上述思考。

② 砍伐并焚烧森林后的土地具有较高的肥力，是一些学者作出原始农业产生于森林地带的重要依据,也是一个极易被人接受的依据。然而,一直依靠耕地的初始肥力只是原始农业的一种特殊形态,而不是它的基本特征。对于最初的原始农业来说,农人关心的是所利用的裸土有没有生产所需产品的能力,而并非有没有高产的能力;对于趋于进化的原始农业来说,耕地肥力主要靠采用适宜的耕作方式在长期耕种中逐步累积起来,初始的肥力越来越不重要。

三、农业文明的基础：裸土和森林之争

提出裸土是原始农业发源地假说，必须对以下三个问题作出解释。为了使讨论更加有针对性，根据我了解的知识和信息，以黄土高原为背景更为适宜。

第一，原始农业发源地沙化或趋于沙化的原因。原始农业的发源地无一例外地都发生了荒漠化。把这种现象归咎于人为的、大规模的破坏植被的行为，是目前比较盛行的观点。这当然是一种有说服力的解释，不过它并非是唯一的解释。我认为，人类盲目破坏森林植被的行为毁灭自身生存环境的可能性是完全存在的，然而，环境恶化是一个渐进过程，人类又具有学习机制，当人类行为危及自己的生存环境时，他们总会逐渐探索出纠正这种行为的作法。所以，如果原始农业发源地毁于人类自身的行为，那么它在地域分布上应该是离散的，而不应集中连片，同经纬度紧密相关。最使人难以理解的是：就连居住在美洲、大洋洲的处在极其封闭环境的土著居民都找到了维系自己生存环境的生产方式，人类最为集中、信息传播条件也最好的亚欧大陆，没有理由找不到维系生存环境的生产方式。但是，人类无法抗拒大自然的变迁。例如地壳变动引起喜马拉雅山每年上升0.4毫米，1万年就是40米，而裸土地带（冲积平原除外）位于沙漠和草原（或稀树草原）之间、降水量为数百毫米的过渡地带。在缓慢的地质变迁中，这些地区的降水量逐渐减少并趋于沙化，也不是不可能的。

第二，如何看待史书上的记载。强调黄土高原原来有大量森林的主要依据是史书上的有关描述。[①]应该肯定，史书都试图客观地描述当时的实际情况。然而，史书毕竟不是科学书籍，在林业科学尚未建立起来，没有专门的森林调查工作，撰稿者几乎都不是科学家的情形下，记

---

① 史念海、曹尔琴、朱士光：《黄土高原森林与草原的变迁》，陕西人民出版社，1985，第44–208页。

载的内容不可能有确切的数量含义，也不可避免地存在着因文人墨客观察有限或夸张性描述而造成的偏差。这些误差使后人误把它们描述的一小片绿洲理解为连绵起伏的大森林是完全可能的。有些误差则是“史料学派”自己造成的。例如，“史料学派”依据史书中诸如某山林木茂盛和某一地带有各种林木分布这样并没有确切的数量含义的描述，作出整个山区和这一地带都是森林的推论。其实，根据某山林木茂盛的记载还无法弄清究竟在多大的一座山上林木茂盛；而某一地区有各种林木分布的记载也不能和这一地带都是森林的说法画等号。

最为重要的是，人类只是在大约5000年前刚学会书写，记载森林情形的历史更短，而人类的祖先即原人的起源却可以追溯到约200万年前，从事农业活动的历史也接近2万年了。所以，对地形地貌变化的解释没有理由只停留在文字记载上。尤其是随着地质学、考古学、人类学、古生物学和生物学的发展，这些领域内的科学家们已有能力研究没有文字记载的史前时期，我们没有理由忽视科学研究的最新进展。

第三，黄土高原成为中华民族摇篮的独特优势是什么。一个地域成为人类文明的发祥地，一定有它独特的比较优势。黄土地带独特的优势似乎就是深厚、疏松易于耕种的黄土层，而不是植被。黄土高原遍布裸土，或许就是其发展原始农业的比较优势所在。如果认为当时黄河流域森林茂密，并使其成为中华文明摇篮的关键，就应该对“为什么气候条件更好的长江流域没有成为中华民族的摇篮”这一问题作出解释。在现有的文献中，强调人为破坏植被导致土地沙化最重要的依据是农牧界线变动对自然植被的影响。其实爆炸性的人口增长是最近几百年才发生的事情，在这以前人口的增长率很低，人口迁移的规模不可能很大，而且中国人口主要是朝东南方向而不是朝西北方向迁移，所以人口北移的规模不可能引起农牧界线的急剧变化，何况农牧界线的变化并不一定引起森林植被的变化。

自述之八

关于资源经济学研究，我选择了发表在《中国农村观察》1997年第3期的《裸土与农耕文明》这篇文章作为代表作。这篇文章基于资源比较优势的立场，从黄土高原为何成为中华民族的摇篮这个问题出发，对裸土孕育原始农业的假说进行了探讨。

在以自给自足为主的历史阶段，人们关注的是资源比较优势。按照人类选择资源利用方式时不会舍易求难的逻辑，原始农业应该发源于最容易开垦的裸土地带。有关史料表明，我国的黄土高原至少在公元前5500年就开始种粟了。黄土高原的黄土土质疏松、土层深厚，上面仅覆盖一层草，非常易于耕作。由于黄土高原较为干燥，所以祖先们种植的耐干旱、耐瘠薄的粟。公元前3500年，在烈日蒸晒的底格里斯河和幼发拉底河养育的一片荒原上，借助于改进的生产技术形成了原始农业。这种由冲积而成的荒原属于裸土地带。公元前7000年，人类在墨西哥中部高原半沙漠的凹地里开始种植玉米。这里的半沙漠化土地可等同于裸土。大河下游的冲积平原往往是农业的发源地，而冲积平原分布的是易于耕种的裸土。

农业产生在裸土地带与当时使用木制农具有关。当铁制工具取代木制工具后，农业生产的疆域大大扩展了，从黄河流域扩展到长江流域，从印度河流域扩展到恒河流域，从地中海沿海地区扩展到欧洲内地，从非洲的荒漠草原扩展到热带雨林地区。

由此得出：深厚、疏松、易于耕种，最便于孕育原始农业的黄土层，是黄土高原成为中华民族摇篮的独特优势。

原始农业发源于裸土地带的假说，会受到农史研究中关于黄土高原原来密布森林的结论的挑战。史书的撰写者描述的肯定是客观情况，然而史书并不是科学书籍，在林业科学尚未建立，专门的森林调查尚未开展，史书的撰写者几乎都不是科学家的情形下，记载的内容在数量上是难以精准的。史料考证者根据黄土高原有各种树的记载推演出黄土高原原来为森林地带的结论，依据是不充分的。此外，人类的不当行为造成了原始农业发源地的荒漠化，也是很有影响力的观点。其实，当人类的不当行为危及自己的生存时，他们一定会探索并找到纠正这种行为的做法。倘若原始农业发源地的荒漠化是人类不当行为造成的，那么它在地域分布上应该是离散的，而不会分布在沙漠和草原之间，同经纬度紧密相关。一言以蔽之，年降水量稀少的裸土地带出现沙化的主要原因是降水量下降而不是耕作不当。年降水量稀少的裸土地带的农业生产趋于萎缩，主要是因为农业从最易于耕作的地方逐步走向最适宜农作物生长的地方、最具有市场竞争力的地方和生态系统最稳定的地方。

经济学通常以横向比较的方式分析资源比较优势，包括绝对比较优势和相对比较优势。我从纵向比较的方式作分析发现，特定资源原有的比较优势减弱之后，会孕育出新的比较优势。例如森林，最初作为肥料来源维系着原始农林复合经营模式的运行；种植业和养殖业的互补关系（种植业废弃物作为牲畜饲料和养殖业废弃物作为作物肥料）得到应用后，森林的比较优势由肥料转为燃料。随着煤炭对木炭的大量替代，森林的比较优势由燃料转为材料。随着钢材、铝合金、塑钢、水泥等新材料的出现，森林的比较优势为又由材料转为原料（利用木材中的纤维素和半纤维素造纸）。最后，森林的比较优势将由原料转为生态系统服务价值。

资源经济研究中另一项工作是重建中国耕地面积的数据。我国60多年公布的耕地面积数据紊乱，不能从总体上反映我国耕地面积的实际变化态势。出现这种情形的原因是：各阶段耕地面积基数的来源不同，阶段间的数据无法衔接；各阶段度量耕地变动的指标不同，阶段间的耕地面积净变化量缺乏可比性；有的阶段只有耕地减量，没有耕地增量。这是1958~1994年我国耕地面积持续下降的主要原因。

我国耕地面积数据重建的条件。(1)1949~1957年的耕地数据。1949年前我国从未作过全国性的耕地调查。20世纪50年代，为了发放土地证进行了耕地丈量，并得到了1957年耕地面积为19.77亿亩的数字，以及1949~1957年期间，农民通过开荒增加2.09亿亩耕地的数字。(2)2009~2012年数据。2013年，国土资源部根据耕地利用变更的最新遥感数据，公布了2009~2012年的耕地面积数据。这次遥感数据的判别具体到每一个村庄，是至今为止最为精准的耕地面积数据。(3)1998~2008年的数据。该时期耕地有较为精准的变更数据。利用2009~2012年的耕地面积数据，可以反推出1998~2008年期间各年的耕地面积。

耕地面积数据重建的最大问题，就是确定1984年为我国耕地面积由增加转为下降的年份。1958年至1997年的耕地面积的变化趋势是：1984年以前耕地面积递减增加，1984年以后，耕地面积先递增减少，再递减减少，逐渐趋于平稳。

耕地数据重建有三个假设：一是有政府发放的土地证做支撑的1949~1957年的耕地数据是可靠的；二是1984年为我国耕地由增转降的转折年；三是数据越新，采用的方法和技术越先进，计算结果与实际情况越接近。基于这三个假设，耕地数据重建的具体步骤是：根据1998~2008年耕地利用变更数据反推1998~2008年的各年数据；1998年的耕地面积加上1985~1997年耕地面积减量为1984年的耕地面积，1984年的耕地面积减去1957年的耕地面积为1958~1984年耕地面积增加总量。根据耕地面积变化的设定，计算1958~1997年历年的耕地数据。

生态农业的经济学基础*

本文拟从三个方面考察生态农业的经济学基础。首先，从农业类型变迁的角度分析生态农业的产生；其次，从市场竞争力的角度分析生态农业的发展；第三，从双赢的角度分析生态农业兴起的社会环境。最后，简要地总结生态农业的经济学启示和农业发展的前景。

一、农业类型跃迁：生态农业兴起的宏观背景

（一）诱致性技术创新与农业类型变化

纵观人类发展史，农业发展的过程，是在资源禀赋变化的诱导下，通过技术创新改进农业增长类型，不断提高土地承载力的过程。

社会伊始，人类是以渔猎和采集为生的。无论是渔猎动物还是采集植物果实，均依赖于大自然的恩赐。渔猎和采集要以大量的自然资源储备为基础，它的土地平均承载力极为低下。据估计，这一时期土地的平均承载力仅为0.02~0.03人/km^2，[①]随着人口的增长，这种生活方式变得越来越难以为继了。人类不得不改变立即食用所捕获的动物或所采集的果实的习惯，开始饲养它们或种植它们，由此形成了原始农业。这一变化，使土地的平均承载力上升到0.5~2.7人/km^2，是原来的25~90倍。

在原始农业阶段，种植业和养殖业相互独立，它们各自完成自己的物质循环和能量转换。此时的种植业和养殖业均不能在固定的地块

---

* 本文发表于《云南大学学报》2004年第2期。

① 更为详细的估计是：在冬季也很温暖、物产丰饶的地区，每平方英里（相当于2.59km^2）也只能养活1至2名食物采集者；在气候寒冷的地方，在热带丛林区或沙漠地带，养活一名食物采集者需要20~30平方英里的地盘。参见《全球通史：1500年以前的世界》，上海社会科学出版社，1988，第82页。

上持续生产，不得不采用轮耕制和游牧制，以解决地力恢复的问题。由于大量土地处于休闲状态，土地的平均承载力仍然很低。随着人口的继续增长和消费水平的提高，原始农业越来越难以为继了。为了克服所面临的困境，人类完成了将两个相互独立的循环整合成一个循环的技术创新，即将种植业的“废弃物”作为养殖业的饲料，将养殖业的“废弃物”作为种植业的肥料，实现了农业在固定地块上的持续生产，由此形成了传统农业。这一变化，使土地的平均承载力上升到40人/km^2，是原来的14.8~80倍。

传统农业完全依赖于有机物质的循环，土地产出受到耕作层土壤中有机养分有限和作物生长发育受自然干扰大的双重制约，土地的平均承载力仍然不可能很高。随着人口的继续增长和消费水平的继续提高，传统农业也越来越难以为继了。为了克服所面临的困境，人类完成了将有机循环与无机循环整合在一起的技术创新，由此形成了现代农业。这一变化使土地的平均承载力上升到160人/km^2，是原来的4倍。

现代农业的基本特点是通过外部的能量投入获取更高的农产品产量。捷克所作的一项为期10年的试验结果表明，农产品产量每增加1%，能源消耗增加2.5%。美国的情形也是如此，近40年来投入农业的能源增长了近80倍，目前农业的石油年消费量超过6000万吨，钢材800万吨，橡胶16万吨，因而有人将这种农业称作石油农业（见表1）。

表1　农业类型与土地承载力

农业类型	土地承载力（人 / km^2）	变化（倍数）
渔猎时期	0.02 ~ 0.03	
原始农业	0.5 ~ 2.7	25 ~ 90
传统农业	40	14.8 ~ 80
现代农业	160	4

资料来源：陈耀邦主编，《可持续发展战略读本》，中国计划出版社，1996年，第57页。

现代农业也是由农产品供不应求的市场信号诱发出来的，然而，现代农业作为科学技术加速发展的产物,又有不同于其他农业类型的特征。原始农业和传统农业旨在逼近可达到的增长极限,而现代农业旨在形成突破极限制约的能力。这种能力具有两重性:一方面,它解决了农产品短缺对经济增长的制约;另一方面,农产品的过快增长造成了农产品剩余,并对生态环境施加了一系列负面影响,如过量使用化肥造成的水体富营养化,过量使用农药造成土壤中有毒元素的增加,过量使用塑料薄膜造成土地中含有大量不易溶解的化学物质,以及农产品中的有害物质超标,等等。

为了消除这些负面影响,人类进行了将生产循环与生态循环有机统一起来的技术创新,由此形成了生态农业。所谓生态农业,就是通过可再生资源对不可再生资源的替代,低物级(能级)资源对高物级(能级)资源的替代,实现经济再生产与生态再生产的统一。进入生态农业发展阶段后,原先按平均生产率由高到低顺序进入的边际土地开始由低到高反序退出,它的具体表现形式是退耕还林还草等。耕地的平均质量变得越来越好,土地休耕现象再次出现,但此时的休耕不再是为了解决地力恢复问题,而是为了限制农产品产量、保存资源生产潜力和保护农业生态环境。

(二)农业类型变化的经济学含义

1.从诱致性变迁理论引申出的假说

根据技术创新和制度创新都是由自然资源禀赋变化诱致出来的理论,可以作出如下假说:一方面,人类在选择资源利用方式时往往不会舍易求难,人类掌握的知识越有限,就越有可能选择更为简单的资源利用方式。特定资源的数量总是有限的,人口的增长会引起人均资源禀赋的下降。人均资源禀赋的下降,会使已选择的资源利用方式发生从适宜到不适宜的变化。另一方面,当资源利用方式难以维系下去时,人类会进行技术和制度创新,以提高特定资源禀赋的承载力,使资源禀赋、资源利用方式和社会发展三者继续保持协调。人均资源禀赋变化得越快,技术创新和制度创新的频率就越高。从某种意义上讲,社会发展的过程,就是在人均自然资源禀赋变化的诱致下,通过技术和制度创新，以相对丰富的自然资源（包括尚未利用的自然资源）替代相对稀缺的自然资源（包括因利用过度而急剧减少或耗竭的自然资源），以人造资本、人力资本替代自然资本（自然资源）的过程。①

由此作出的一个推论是：人类采用的任何技术都有某种程度的可持续性，又不可能永远地持续下去。它们的差异表现为可持续性强弱的不同，而不是有无可持续性之分，②一种技术所需的特定条件越严格，其可持续性就越弱，反之，其可持续性就越强。

2.农业的基础随着农业类型的变化而变化

各种农业类型都是人均资源禀赋变迁诱发出来的，但它们所要解决的问题和所依赖的关键要素是不同的（见表2）。渔猎时期要解决的是自身食品需求问题，所依赖的关键要素是天然食品。原始农业、传统农业和现代农业要解决的都是农产品总量不足的问题，但所依赖的关键要素有所不同，原始农业和传统农业所依赖的关键要素是土地资源，现代农业所依赖的关键要素是人造资本。生态农业要解决的是农产品无污染和生态环境安全问题，所依赖的关键要素是人力资本和生态资本。

表2　农业发展类型的基本特征

农业类型	基本目标	主要措施	关键要素	技术特征	最优土地
渔猎时期	化解需求压力	渔猎采摘	天然食品	依赖自然恩赐	天然生长食品
原始农业	化解供给压力	外延的资源利用	自然资本	分离式有机物循环	易于开垦耕作
传统农业	化解供给压力	外延的资源开发	自然资本	互补式有机物循环	宜于作物生长
现代农业	化解资源压力	内涵的资源开发	人造资本	有机与无机结合	便于进入市场
生态农业	化解环境压力	内涵的资源利用	人力和生态资本	生产与生态结合	生态环境稳定

---

① 李周：《引导可持续发展：经济学家的责任》，《科技导报》1996年第8期。

② 李周等：《发展的后劲》，江西人民出版社，1999。

(三)宜农地随着农业发展类型变化而变化

伴随着农业类型的变化，宜农地也将发生变化。在渔猎时期，完全依赖于大自然的恩赐，最优的土地是天然生长着食物的土地。[1]在原始农业时期，生产工具还非常落后，最优的宜农地是最易于开垦的土地。在传统农业时期，铁制工具的出现，使人类开拓土地的能力有了显著提高，此时最优的宜农地是最适于作物生长的土地。在现代农业时期，土地自然肥力对农业的影响越来越小，最优的宜农地是最便于进入市场的土地。而在生态农业时期，最优的宜农地是农业生态环境最稳定的土地。也就是说，随着农业类型的变化，宜农地将依次发生4次变化：即最易于开垦的土地⇒最适于作物生长的土地⇒最便于产品进入市场的土地⇒农业生态环境最稳定的土地。[2]

二、市场竞争力：生态农业兴起的微观基础

上一节旨在说明生态农业将是继现代农业之后的又一个主导农业类型。这一节主要探讨三个问题：首先，通过传统生态农业与现代生态农业的异同比较，把我们要研究的合乎市场经济要求的生态农业界定清楚；其次，探讨生态农业的相关概念和趋向；第三，论述生态农业成为主导农业类型的主要影响因素。

(一)生态农业的经济学透视

传统生态农业和现代生态农业的异同。

生态农业是一个外延极为丰富的概念。下面要探讨的并非涵盖其所有外延的广义生态农业，而是具有主导农业类型特征、具有市场竞争力、具有广阔的发展前景的狭义生态农业。这是生态农业中最重要的内容，也是最值得研究的内容。为了形成共识或消除理解上的歧义，

---

① 李周：《裸土与农业文明》，《中国农村观察》1997年第3期。

② 这个假说是笔者于1999年底在昆明召开的建设绿色经济强省学术研讨会上提出来的。

首先把广义生态农业划分为以家庭需求为导向的传统生态农业和以市场需求为导向的现代生态农业两部分，然后通过对比分析，将所要研究的狭义生态农业或现代生态农业界定清楚。

从技术层面考察，我国的生态农业实践始于明代，其中较为著名的有粮—畜—渔—果—菜、粮—畜—桑—果—渔，以及“桑基鱼塘”等经营模式。[①]需要指出的是，历史上的生态农业实践与按市场需求为导向的生态农业有很大的不同。更直截了当地说，以经济学的视野研究生态农业，旨在推动具有市场竞争力的生态农业的发展，促使其成为主导农业类型，而不是泛泛地提倡生态农业实践。为此，就有必要探讨传统生态农业和现代生态农业的异同。

顾名思义，传统生态农业是自给自足经济的产物，是传统农业的组成部分；现代生态农业是市场经济的产物，是一种将继起的主导农业类型。

在技术和经济层面上，传统生态农业和现代生态农业均有共性。技术层面上的共性是：它们与自然的关系都具有和谐、交融的特性，资源配置都具有复合、循环的特性，生产的产品都具有有机、无公害的特性；经济层面上的共性是：它们都具有生产循环与生态循环相结合的特性，都是农业生产者自主选择的结果，都是能够实现生产者预期目标的资源配置方式。

这两种生态农业又有一些既相似又相异之处。它们在技术选择上都以科学为基础，所不同的是：传统生态农业以经验科学为基础，现代生态农业以实验科学为基础；它们在生产经营上都具有开放性，所不同的是：传统生态农业为买而卖，以产出或效用最大化为目标，现代生态农业为卖而买，以利润最大化为目标；它们在劳动力配置上都追求最优化，所不同的是：传统生态农业的最优点在追加劳动的边际产出为零之处，现代生态农业的最优点在边际产出等于边际投入之处；它

① 卢嘉锡、路甬祥主编，《中国古代科学史纲》，河北科学技术出版社，1998，第 1025 页。

们在再生产循环上都强调稳定性和成长性，所不同的是：传统生态农业以与其他农业类型相安并存为目标，现代生态农业以替代其他农业类型为目标。

它们之间的差异是：传统生态农业没有市场化、专业化和品牌化等经济特征，而现代生态农业具有市场化、专业化和品牌化的经济特征。

1.现代生态农业在运作机制上具有市场化特征

传统生态农业是自给自足经济的产物，它以家庭分工为基础，根据家庭的需求对其可支配的资源进行配置，其目标是实现家庭效用最大化（此时，交易只是其实现家庭效用最大化的辅助手段），主要依靠血缘关系和乡规民约等非正式制度安排来保障经营目标的实现。现代生态农业是市场经济的产物，它以社会分工为基础，根据社会需求进行资源配置，其目标是追求利润最大化，主要依靠契约关系和法律等正式制度安排来保障经营目标的实现。这是它们之间最为显著的区别。

2.现代生态农业在生产经营上具有专业化特征

传统生态农业旨在满足家庭自身的食物需求，其任务是生产出家庭所需的各种农产品，从农户内部的微观资源配置看，它的生产具有多样化、分散化的特征；而从大尺度看，农户之间的微观资源配置又具有非常强的相似性。现代生态农业旨在满足社会的农产品需求，其任务是根据当地的资源比较优势，包括绝对比较优势和相对比较优势，生产最具有市场竞争力的农产品，从农户内部的微观资源配置看，它的生产具有专业化的特征；而从大尺度看，农户之间的微观资源配置又具有非常显著的差异性。这是它们之间又一个极为显著的区别。

3.现代生态农业在产品供给上具有品牌化特征

在传统生态农业阶段，农产品做品牌的根基尚未形成；对于某个地区商品率相对较高的个别产品，由于具有很强的同质性，其以地名做品牌就足以了。在现代生态农业阶段，技术创新不仅速度显著加快，而且个性化越来越突出，其结果是：在企业内部，同一种农产品的品质差异越来越小,而在企业之间,同一种农产品的品质差异越来越大,随着农产品品质差异的这种变化表现得越来越充分,农产品以企业做品牌的根基逐渐形成了,农产品品牌的作用变得越来越重要了。

在以地名为品牌的传统生态农业阶段，农户是独自面对市场的。在以注册商标为品牌的现代生态农业阶段,农户有能力生产出最好的农产品,却没有能力形成最好的品牌,也无法独自面对市场,更不可能卖出最好的价格。为了应对市场上的农产品品牌的需求,农民通常要采用群体合作(如建立农民专业协会)或与农业企业合作等措施。

在以地名为品牌的传统生态农业阶段,品牌的功能是向消费者传递产品信息,消费者可以根据农产品的外观和口感等检验信息的真实性;在以注册商标为品牌的现代生态农业阶段,消费者仍然关注农产品的外观和口感等,但更关注农产品对健康的影响,然而他们又没有能力对农产品的内在成分加以检验。为了消除消费者的顾虑,农产品的品牌不仅是向消费者传递产品信息的载体,而且是向消费者承诺达不到食品安全标准承担赔偿责任的载体。与这种变化相对应,政府制订并实施规范的食品安全检验制度和企业通过品牌承诺责任的制度,成为发展现代生态农业必不可少的两项基本制度。

从学理上讲，对传统生态农业与现代生态农业的异同加以考察，并不是为了就差异论差异,而是为了把狭义生态农业界定清楚。随着我国经济体制的转型和农业发展阶段的提升,尤其是现代生态农业的快速壮大和传统生态农业的逐步萎缩，现实经济中的生态农业研究，将会越来越等同于现代生态农业或狭义生态农业研究,鉴于此,下面讨论的生态农业特指狭义生态农业或现代生态农业,而不再涉及传统生态农业的内容。[①]

(二)生态农业的相关概念和趋向

1.生态农业技术与生态农业发展的关系

人类从来不会满足于已经取得的成就,总是不断地探索,并在探

① 作为广义生态农业两个组成部分之一的传统生态农业，将会在生态农业经济史研究中占有一席之地。

索的过程中有所发现,有所发明,有所创造,有所前进。生态农业技术开发,就是这种探索的结果,它可能源自充满好奇心的科学家(或实业家甚至农民)的试验,也可能源自政府的推动,因而具有相当大的不确定性。生态农业发展是在市场需求信号的诱导下,农业企业和农户按照利润最大化目标自主选择的结果,因而具有相当大的确定性。

生态农业技术开发是发展生态农业的基础,没有生态农业技术,生态农业显然是发展不起来的。但是,发展生态农业不仅要解决技术供给问题,而且要解决相应的制度和组织安排问题,所以不能将生态农业技术供给等同于生态农业发展。在现实中,许多可供选择的生态农业技术几乎一样的农村社区,生态农业的发展存在很大差异,就是例证。由于生态农业技术不是生态农业的唯一基础,生态农业的发展水平不完全决定于生态农业技术的高下,所以发展生态农业,不仅要在技术上处理好能量转换和物质循环的关系、经济再生产与生态再生产的关系,而且要在制度和组织上妥善处理好各个利益群体之间的经济关系,实现竞争行为与协作行为的统一、自利行为与利他行为的统一。

生态农业的技术推广要适应生态农业发展的要求。研究者推崇的是科技含量高的生态农业技术,生产者(农业企业和农户)喜欢的是经济效益好的农业生态技术。在现实中,适宜推广的是这两个目标能够兼容的生态农业技术,当这两个目标不能兼容时,生态农业技术推广必须优先考虑生产者的高经济效益目标,而不能忽略生产者目标,强求生产者服从研究者的高技术含量目标。

各项生态农业技术的适用性和可推广性是不一样的。所以,探讨生态农业的经济学基础,不能停留在泛泛地讨论生态农业技术的阶段,而要分析具体的生态农业技术,尤其是特定产品的特定生态技术。

2.生态农业的环境效应与经济效益的关系

生态农业是一个以营利为目标的生产活动,又是一个能兼顾环境效益或不对环境施加负面影响的生产活动,但它不会把环境效应和经济效应放在同等重要的位置上,更不会把环境效应放在优先位置上。

也就是说，生态农业在持续实现利润最大化目标的同时，确实会产生兼顾环境效益或不对环境施加负面影响的效果，但这决不是其履行社会责任使然。这和城市内的公司修建更漂亮的建筑物产生了改善市容的效果，但它的目标是为了更好地营利而并非为了履行社会责任，是一个道理。

因此，以现行主导农业类型存在缺陷和生态农业对环境具有友好性，作为发展生态农业的依据，并不是很适宜的。生态农业能否成为主导农业类型，既不取决于现有的主导农业类型有多少缺陷，也不取决于生态农业有多少优点，而取决于它与其他农业类型相比是否具有更强的市场竞争力或比较利益。只有广大消费者形成了选择有机食品或无公害食品的偏好，并愿意为此支付更高的价格的信号通过市场传递给农业生产者，而生态农业技术又能使生产者形成更有利可图的资源配置，生态农业才会逐渐成为主导农业类型。生态农业将以何种速率替代现有的主导农业类型，主要取决于生态农业技术的竞争力、适用性和可推广性，以及生态农业技术信息传播和推广体系的完善程度。

这正是被我国第一批生态农业试点县的变化所证实的情形。有关资料表明，51个生态农业试点县的行政区划面积为1400万公顷，占全国总面积的1.5%；人口2210万人，占全国总人口的2.2%。分布在除西藏、台湾以外的所有省、区、直辖市内。5年来共投入资金60多亿元，其中群众自筹占63%，县级投入占19%，产生的直接经济效益达137亿元，投入产出比为1:2.25。试点前（1990~1993年），这些县的国内生产总值增长率为3.7%，低于全国同期水平3.2个百分点；试点后（1994~1997年）为8.4%，高于全国同期水平2.2个百分点。试点前（1990~1993年），农业总产值增长率为2.7%，低于全国同期水平1.1个百分点；试点后（1994~1997年）为7.2%，高于全国同期水平0.6个百分点。试点前（1990~1993年）农民纯收入增长率为3.5%，低于全国同期水平1.4个百分点；试点后（1994~1997年）为6.8%，高于全国同期水平1.5个百分点。

3.生态农业的取向

传统农业生产的是有机产品和无公害产品，它的不足是靠毁林开荒、围湖造田、耕种坡地等外延扩大再生产的方式来增加农产品供给总量，造成严重的水土流失等生态环境问题，以及缺乏市场化、专业化和品牌化特征，难以适应市场经济的要求；现代农业能维系土地的持续高产并解决毁林开荒、围湖造田、耕种坡地造成的生态环境破坏问题，且具有市场化、专业化和品牌化特征，合乎市场经济的要求，它的不足是过量使用化学物品造成的食品不安全和生态环境恶化。通过上面的分析可以看出，这里讨论的生态农业决不是简单地后退一步，向传统农业回归，而是必须向前再走一步，既保持现代农业的长处，特别是相当高的土地生产力和市场运作机制，又尽量采用生物措施、生态措施和负效应尽可能低的化学物品替代负效应大的化学物品，有效地解决现代农业造成的食品不安全和生态环境恶化问题。

（三）生态农业提升为主导农业类型的因素分析

人类从事农业生产的历史已经延续了上万年了。为什么在如此漫长的农业发展阶段里，早就出现的生态农业实践或具有很多优点的生态农业理念，迟迟未能成为主导农业类型呢？这显然是一个需要加以解释的问题。简略地说，农业发展类型的提升是经济发展、需求变化和技术创新等一系列因素共同作用的结果。在这个过程中，认知是有作用的，但它的作用是相当有限的。只有认识了这一点，才有可能以客观分析的思维方式替代主观认定的思维方式，才有可能集中精力考虑和解决生态农业发展中面临的问题，才有可能使生态农业真正步入快速发展的轨道。

1.经济发展阶段提升的作用

在人们普遍追求温饱目标的经济发展初级阶段，妥善处理人与人之间的目标差异尚未提上议事日程。在人们追求的目标差异越来越大的现代经济发展阶段，妥善处理多目标之间的关系，使它们具有相容性，就显得越来越重要了。所谓多目标相容的实质，就是妥善处理个人利益、他人利益和后人利益之间的关系，这既是实现发展的普遍性和持续性的关键所在，也是实现代内公平和代际公平的关键所在。在现代社会中，一系列旨在实现多目标相容的措施可分为两类：一类是通过各种正式制度安排(法律法规)和非正式制度安排(乡规民约),制止各种产生负外部性的行为,它的重点是规定企业和个人不能做什么;另一类是政府组织和非政府组织承担起增加公共品或正外部性供给的责任,它的重点是强调政府组织和非政府组织应该做什么。现代社会中的这种变化,是推进生态农业发展的一个极为重要的外部环境。

产业活动的种类会随着经济的发展越来越多,其中对生态环境施加负面影响的活动也有可能越来越多,而生态环境的容量却不可能相应地增大。通过发展生态农业,削减现代农业大量使用无机物质对环境造成的负面影响,便成为把人类活动对生态环境施加的负面影响控制在环境承载力之内的重要措施之一。

随着经济发展和收入增加,人们对生态环境质量的要求会越来越高,为了适应这种变化,对生态环境施加负面影响的活动将会受到越来越严格的限制;而能与生态环境有机融合的活动,则会得到越来越有力的支持。

上述几个方面,都会成为支持生态农业成为继现代农业之后的新的主导农业类型的推动力。①

2.农产品质量需求提升的作用

在粮食安全(Food Security)尚未得到解决的短缺经济时代,最为重要的是农产品产量目标,在这种目标的导向下,生态农业是难以发展起来的。在粮食安全问题基本得到解决,进入食品安全(Food Safety)阶段以后,农产品产量目标的重要性趋于下降,而农产品质量目标的重要性趋于上升。城乡居民对食品安全的关注程度同他们的收入水平有明显的正相关性。这种正相关性表现在两个方面:一是选择质量较好的农产品成为时尚,二是为质量更好的农产品支付相对较高的价格成为时尚,这种时尚的形成,有力地拉动了生态农业的发展。

有关资料表明:经过20多年的努力,我国无公害农产品生产基地

---

① 尚未进入现代农业的发展中国家或地区,至少是某些社区,确实有可能跳跃现代农业阶段,直接进入生态农业发展阶段。

面积已达到93.2万公顷，总产量102.5亿公斤，其中，无公害蔬菜达到50亿公斤。目前，我国生态农业建设初步形成了国家、集体、个人投入相结合的市场运作方式。同时生态农业建设也逐步走上了法治化的轨道，已有21个省、区、市和200多个县（市）颁布了农业生态环境保护条例或办法，18个省出台了无公害农产品管理办法。随着政策环境的不断改善，生态农业的发展条件会随着我国经济的继续发展变得越来越好，终将会成为主导农业类型。

3.经济效益提高的作用

无论是经济发展阶段的提升，还是农产品质量需求的提升，作为促进生态农业发展的外部条件，无疑是很重要的。但最为重要的是生态农业能给生产者带来更多、更好的经济效益，这是生态农业发展必不可少的内部条件。如果没有更高的经济效益，生态农业就不可能成为主导农业类型。

生态农业是一种结构和功能更为优化，能更为充分地利用自然生态环境的功能，从而使较少的投入获得较多产出的农业资源配置模式和农业再生产循环。生态农业的发展过程，是以经济效率更高的农业生产系统替代经济效率相对较低的农业生产系统的过程。生态农业的产品质量好、经济效益高，是广大生产者介入生态农业的关键所在；生态农业能兼顾社会效益和生态效益，则是政府和社会的兴趣所在。

在追求农产品数量目标的20世纪70年代末，学者们曾提出“三三得九（每年种三季，每季平均300斤，总产量900斤）不如二五得十（每年种两季，每季平均500斤，总产量1000斤）”的观点。其实，这个观点用来解释生态农业，也是适宜的。所不同的是，前者的变化是种植次数，后者的变化是产品的价格，即三三得九（300斤×3元=900元）不如二五得十（200斤×5元=1000元）。

三、双赢：生态农业兴起的社会环境

生态农业不同于其他农业类型的显著特征是它的利润目标与福

利目标可以相容,具有"双赢"的特征。所谓"双赢",是指生态农业不仅能为企业和农户提供经济效益,而且能向外部提供生态效益和社会效益。其中,经济效益通过它所具有的市场竞争力来实现,生态效益和社会效益通过它所具有的消除或化解负外部性、增加正外部性供给的能力来实现。生态农业具有增加社会福利的功能,既是政府支持生态农业兴起的依据,也是广大社会成员能像关注公共品建设那样关注生态农业发展的原因。

为了使大家更好地理解生态农业具有的"双赢"特征,下面利用我们完成的5个生态农业案例研究成果的要点加以阐释。[①]5个案例中有3个村级案例、1个农户案例和1个农业企业案例。除农户案例外,其余4个案例都有荣获联合国环境规划署颁发的"全球500佳"的背景。生态农业与其他经济活动一样,经济效益是主干,是红花,社会效益、生态效益是枝杈,是绿叶。鉴于此,下面关于"双赢"的阐释仍以生态农业的经济效益和市场竞争力为重点,同时兼顾生态农业所具有的增加社会福利,即消除或化解负外部性,提供正外部性的能力。

(一)辽宁省大洼县西安生态养殖场案例

1.生猪吸收的能量被分解为生长能、维持能和代谢能三部分,其中只有生长能形成了产品。所以,生态养殖模式的创新是围绕着利用代谢能、减少维持能和提高生产能的技术路线展开的。首先,以牲畜粪便作为水生饲料所需的养分,使排泄物中的代谢能得到有效利用;其次,通过搭建塑料大棚、葡萄架、瓜架和猪舍顶上放养细绿萍的措施,为生猪生长提供温度适宜的暖棚和凉棚,减少其维持能的消耗;最后,通过生猪品种改良,提高生产能的比重。

2.生态养殖模式的竞争力来自两个方面:利用物质的能量转化功能,将排泄物中的代谢能用于中间产品,即水生饲料的生产,利用水葫芦、细绿萍的能级转换功能,将低能级的太阳能转化为高能级的生物

① 5个案例的详细内容请参见李周等著:《环境、资源与发展》,中国环境科学出版社,2000,第30-139页。

能，从而降低了饲料成本。利用具有增殖能力，因而不构成畜产品生产成本的生物设施，如葡萄架上的葡萄、瓜棚中的瓜、绿萍池中的绿萍，降低饲养成本。

3.生态养殖模式的物级匹配具有很大的自由度，例如排泄物的处理，可以借助于水生植物，也可以采用沼气池；配置规模的自由度也很大，可用于大型生态养殖场，也可用于农户。生态养殖模式在物级匹配上的灵活性，大大提高了它的适用性和可推广性。

4.生态养殖模式涉及的科学技术领域要比工厂化养殖模式更为宽泛，它不仅需要应用牲畜养殖科学，还需要应用植物学、生物学、生态学等科学的有用成果。

5.生态养殖模式会经历多样化生产（同级的多种产品）到专业化生产（一个产品系列及为该产品系列服务的中间产品）的转换，与生态养殖模式相配套的是饲料生产企业和畜产品加工企业，这些前后向关联企业也以低能级能量为基础，也用生物方法分解废弃物。

6.生态养殖模式是土地利用型的，适宜在土地资源相对丰富的农村地区发展。

7.生态养殖模式利用牲畜粪便培育水生饲料，提高了企业适应市场波动的应变能力和竞争力，并妥善地解决了大型养殖场的牲畜粪便污染的问题。

（二）北京市大兴区留民营村案例

1. 该村依靠生态农业实现人均收入奔小康之目标的事实表明，生态农业是合乎商品经济要求的农业体系，也是改造传统农业的重要途径。

2.受农业资源禀赋的影响，所开发的生态农业技术的比较优势在诸如蔬菜瓜果这样的劳动密集、技术密集的农产品生产上。如果要充分发挥生态农业技术的比较优势，就不能片面强调诸如粮食这样的土地密集型农产品生产。

3.维持生态农业竞争力的关键是提升技术。留民营将制备沼气的载体由沼气池改为沼气罐，制备沼气的技术由低温发酵改为中温发酵,原料来源由家庭改为畜禽养殖企业,就是依靠技术升级维系生态技术竞争力的一个范例。

4.生态农业不仅为社区创造了更多的经济收益,而且改善了社区生态环境,并给农村社区带来了巨大的无形资产,即荣获联合国环境规划署颁发的“全球500佳”称号所产生的社会效益。

(三)浙江省萧山区山一村案例

1.经济发展越快,就业机会越多,生态农业面临的挑战就越多。为了确保生态农业技术的市场竞争力,必须持续地进行技术创新,而不能以不变应万变,否则,生态农业即便一度发展起来,仍有可能因为市场竞争力的丧失而遭受挫折。[①]只有勇于接受挑战,不断地推出市场竞争力越来越强的生态农业技术,生态农业才能一次次地成为赢家。

2.生态农业的发展和生态技术的选择应由农民自主决定,政府不必作过多的干预。但生态农业技术是较复杂的综合性技术,而且技术创新所需的资金量大、风险高,一旦试验成功又极易模仿,所以在生态农业的技术提升上,政府必须承担责任。

(四)浙江省奉化市滕头村案例

1.任何一个多级利用与循环系统,如果没有继起的技术创新,其原来具有的市场竞争力将会逐渐丧失,要确保这个系统具有持续的价值增值能力进而具有市场竞争力,必须不断地进行技术创新。

2.生态农业的发展通常是村民们共同选择和自主选择的结果,但生态农业技术的提升通常要依赖于外力的推动,尤其是来自农业科技推广部门的推动。

3.随着社区经济的发展和居民对环境舒适性需求的提高,农业的目标会相应地增多,某些农业生产甚至会出现园艺对农艺的替代。发展生态农业,是将社区经济发展目标落到实处的举措,也是将社区的

① 山一村曾在生态村建设方面取得过极为突出的成绩。目前山一村却扬弃了已使用的生态技术的事实(村民宁愿花费 500 元购买煤气,也不愿意每年花费 20 多个工继续使用沼气池)说明,某种生态技术是否被广泛采用,主要取决于生态技术自身所具有的市场竞争力,而不是人们的环境意识。

环境舒适性目标、社会目标落到实处的举措。

（五）辽宁省大洼县北方庭院生态农业案例

1.生态农业通常是由一套相互配合的技术组成的，由于科技发展的不均衡、技术开发的不均衡甚至技术选择的不均衡，现实中采用的技术组合大多都存在着需要改进的薄弱环节。所以，生态农业模式的改进要以提高技术组合的均衡度为切入点或目标。

2.政府补贴要实现扶持私有品到扶持公共品的转变。多年来政府一直采取补贴方式动员农民修建技术尚不成熟的沼气池，结果造成农户依赖政府、出了问题等政府解决的思想。其实，对于技术上的薄弱环节，与其采用补贴方式动员农民接受之，不如组织科技攻关将其克服之，所以，政府应该改进补贴政策，尽快实现由扶持私有品生产到扶持公共品研究的转变。

3.组织和制度创新是提高生态农业市场竞争力的重要措施。对于单个农户难以解决的问题，政府理应承担责任，如引导农民建立销售网络，使广大农户分享扩大交易带来的规模经济。

4.任何被农民普遍接受的生态农业模式，都是由特定的资源禀赋、市场需求，以及可利用的技术和组织、制度内生出来的，并具有既能促进经济增长，又能改善环境和推动社会进步的特征。其中，其具有的增加收入的效应是农民愿意选择它的依据，其具有的改善生态环境和推动社会进步的旁侧效应，则是政府愿意给予扶持的依据。

四、生态农业兴起的经济学启示

（一）生态农业技术创新要以“自利”为切入点

“自利”与“利他”有区别，但并非截然对立。比如，计算机技术对印刷业的渗透，是厂商的“自利”行为，但就它淘汰铅字印刷，解决化铅污染而言，又具有“利他”的效果。在我国的小流域治理中，不同的时代中不同的切入点带来不同的效果，是一个非常典型的例子。20世纪50年代的小流域治理旨在改善整个流域生态环境，强调的是减少进入大江大河的泥沙量,主要措施是挖鱼鳞坑和种树种草,但这种以“利他”为切入点的做法的实际效果并不好。80年代的小流域治理旨在改善农户生产条件,强调的是提高农民收入,主要措施是修建宽条水平梯田或隔坡反坡梯田和植树种草,这种以“自利”为切入点的做法,不仅使农民增加了收入,而且减少了水土流失量,实现了“自利”和“利他”的统一。

生态农业技术以“自利”为出发点,有利于最大限度地调动参与者的积极性,而外部规模经济的形成,又会产生“利他”的旁侧效应。所以,它是集“自利”与“利他”于一体的技术创新。

(二)生态农业技术具有向企业规模化、生产专业化、结构高级化跃迁的特征

西安生态养殖场案例表明:小规模生产、多角化经营的生态农业会朝着企业规模化、生产专业化和结构高级化的方向演进。该场最初是根据生态位进行资源配置的,产品的种类很多。随着企业规模扩大,逐步实行了生产专业化和产业结构高度化,由出卖初级产品(包括仔猪、育肥猪),朝着出卖肉制品和开发生物制品的方向发展。这种变化很可能是生态农业发展的方向。

(三)生态农业技术创新不能满足于一时的成功

人类发展史上有许多以征服自然的一时胜利为表象,铸成生态灾难的教训,生态农业一定不能步其后尘。例如,不顾干旱地区生态位的植树造林,引起地下水位急剧下降,很可能会成为生态灾难的隐患;片面追求土地生产力的生态农业,也有可能造成地力耗竭的恶果。在已意识到不能陶醉于征服自然的一时胜利的今天,必须形成不陶醉于改善生态环境的一时成功的意识。

(四)生态农业要成为主导农业类型,生态技术必须升级

最近10多年,我国的生态农业发展得很快,但市场竞争力强的生态农业技术仍很有限,特别是从传统农业中筛选出来的生态技术,会随着经济的发展和农业剩余劳动力的减少,逐步失去竞争力。

生态农业技术在应用上具有的贫困地区优于富裕地区、小尺度项目优于大尺度项目和非粮食项目优于粮食项目三个特征表明，生态农业要成为主导农业类型，必须爆发一场生态革命。

（五）完善的市场体系是发展生态农业的必要条件

生态农业是以市场为导向的，是由经济发展过程中创造的大量新的需求拉动的。所以，市场价格能否准确反映资源稀缺程度及其变化，是将替代技术创新的机会充分诱发出来的必要条件。如果缺乏这个必要条件，必然会丧失许多替代技术创新的机会。

最近50年，我国人口增长了2倍，耕地面积绝对量有所下降，但农产品供给达到了丰年有余的变化。形成这种局面的因素很多，但起主要作用的是生物技术创新。

生态技术能与其他技术竞争，是企业和农户采用生态技术的前提。但已有的生态农业技术储备还不足以引发一场生态革命。政府在这方面必须承担很大的责任，但现实中相当一部分政府扶持没有达到预期目标，也是不争的事实。政府的责任是扶持具有市场竞争力的生态农业技术研究，推出一批无须补贴也能推广的成熟技术，而不是急于用补贴的办法推广不成熟的生态农业技术。生态农业技术创新要以“自利”为切入点，达到“自利”和“利他”的统一。除了技术创新外，还要有制度创新和组织创新。

五、农业发展的前景

按照先行发达国家的经验总结出来的经典发展方式，所谓发展，是一个工业化、城市化和市民化的过程。在这个过程中，农业占国民经济的比重会越来越小，国民经济对自然生态环境和可再生资源的依赖性会越来越小；农村的空间会越来越小，农民的人数会越来越少。然而，这种发展模式很可能不是经济发展的唯一道路，而仅仅是科学发展不平衡时代的产物。更直截了当地说，它是最近一二百年里物理学，尤其是机械学的发展遥遥领先于生物科学、生命科学的结果。

其实，早在100多年前，马克思就从产业间技术创新的差异来认识和解释工农差异。他指出，物理学，特别是机械学的率先发展，是工业发展领先于农业的主要原因。随着生物科学的发展逐渐赶上物理学、机械学的发展，这种局面将会逐步消失。随着人类进入生物科学、生命科学的时代，经济增长将建立在可再生资源的基础上，不仅工农业科技发展水平的差异进而工农差别将逐渐消失，整个经济也将进入可持续发展阶段。

最近几十年，生物科学、生命科学的发展越来越快。一旦人类进入生物科学、生命科学时代，最重大的转折可能是资源替代方向的变化，即由原来以不可再生资源替代可再生资源（如煤炭、石油替代薪炭，合成纤维替代自然纤维）的方向，转为可再生资源替代不可再生资源（如太阳能、生物能替代煤炭、石油，自然纤维替代合成纤维）的方向。随着海洋里的藻类资源和森林中的生物质能资源培育技术体系的不断升级，生物多样性资源的作用越来越大，最终会形成以可再生资源为基础的可持续发展模式。一个对可再生资源依赖性越来越大的发展模式，替代一个对可再生资源依赖性越来越小的发展模式，决不是人类历史的简单回归，而是人类科学体系发生重大跃迁的结果，是更高的发展层次上产生的否定之否定。

进入21世纪以后，海洋和水面将被用来养殖藻类。在藻类中，蛋白质含量高者可超过豆类，如纯顶螺旋藻的干物质中蛋白质含量高达60%以上，且含人体和动物所必需的各种氨基酸，不仅可做饲料，也可食用。一种单细胞藻——丛粒藻，其碳氢化合物含量占其干物质重量的15%~75%，这种淡水或半咸水藻可在温带和热带地区的水域中繁殖。实验结果表明，在一定条件下的天然或人工水域养殖丛粒藻，每年每公顷可得60吨碳氢化合物。仅以我国尚未利用的200万公顷淡水水面计算，就可得到1.48亿吨碳氢化合物，这与我国石油产量相差无几。所以，藻类很可能成为重要的生物质能资源。

在陆地生态系统中，森林生态系统不仅生物生产力高，而且以木本植物为主体的森林对气候变化的抗逆性要比农作物大得多，所具有的环境保护功能要比耕地系统大得多，适宜培育森林的土地资源也比适宜培育农作物的土地资源多得多。

可以想象，一旦海洋资源、森林资源和太阳能资源综合开发利用技术获得突破，不仅生态农业将满盘皆活，而且把整个经济增长建立在可再生资源基础上的理想也将变为现实。那时，可再生资源将不仅是农业的资源基础，而且是整个社会的资源基础。加上与其配套的生物化学、基因工程和智能加工系统，形成无废弃物的工艺和技术体系，对上述可更新资源进行加工，就将逐步替代原有的以不可更新资源为基础的工业。此时，由大气—水—生物—土地组成的生态圈，不仅是人类生存与发展的生态屏障、农业的资源基础，而且成为能源产业、生物化工产业的资源基础，成为人类最主要的财富源泉，从而打破传统的第一次产业、第二次产业、第三次产业的界限，整个经济增长将建立在可再生资源的基础上，形成环境、生态与经济发展互补的局面。环境、生态和人类发展的关系将是互补的，而不再是竞争的关系。

参考文献

斯塔夫里阿诺斯.全球通史：1500年以前的世界[M].上海：上海社会科学出版社，1988.

李根蟠，卢勋.中国南方少数民族原始农业形态[M].北京：农业出版社，1987.

玛丽林·周，等.世界粮食问题展望与农业潜力[M].北京：农业出版社，1982.

史念海，曹尔琴，朱士光.黄土高原森林与草原的变迁[M].西安：陕西人民出版社，1985.

杜昌修.中国农业经济发展史略[M].杭州：浙江人民出版社，1984.

邓英淘.生态经济与农业发展[R].中国社会科学院农村发展研究所举办的“农业发展与环境”国际研讨会上的演讲，1995.

李周，等.环境、资源与发展[M].北京：中国环境科学出版社，2000.

李周，等.发展的后劲[M].南昌：江西人民出版社，1999.

李周.裸土与农业文明[J].中国农村观察,1997(3).

李周.引导可持续发展:经济学家的责任[J].科技导报,1996(8).

卢嘉锡,路甬祥.中国古代科学史纲[M].石家庄:河北科学技术出版社,1998.

自述之九

中国的生态经济学是20世纪80年代由时任中国社会科学院副院长许涤新先生创建的。为了推进生态经济研究,许老最初考虑在中国社会科学院内成立生态经济研究所。由于这项动议无法实现，他在1988年将院内的有关研究人员集中到农村发展研究所。1991年,研究室主任何乃维先生离休时,组织上安排我接手他的工作。所以,生态经济学是我关注较多的一个研究领域。关于这方面的研究,我选择了发表在《云南大学学报》2004年第2期上的《生态农业的经济学基础》一文。这篇文章从三个方面考察生态农业的经济学基础。首先,从农业类型变迁的角度分析生态农业的产生;其次,从市场竞争力的角度分析生态农业的发展;第三,从双赢的角度分析生态农业兴起的社会环境。最后,简要地总结生态农业的经济学启示和农业发展的前景。

关于生态经济学,我在中国社会科学院研究生院重点教材《生态经济学》中对这些年来的研究作了一个梳理。其中愿意同大家分享的心得是:

1.生态经济学的基本内容

生态经济学是最早揭示人与自然存在不和谐问题的学科,也是最早认识到经济理性必须与生态理性结合起来,生产、生活必须与生态结合起来，利润最大化目标必须与社会可持续目标结合起来的学科。其倡导并追求企业最优解与社会最优解相融合,个体理性与集体理性相融合,经济理性与生态理性相融合,这个区别于其他经济学分支的特征正在被越来越多的人所认同。经济学关注的是人与人的关系,生态经济学关注的是人与自然的关系,这个区别于其他经济学分支的特征也在被越来越多的人所认同。生产领域的效率损失和消费领域的过度消费,是导致生态危机的根源。随着市场经济体系的完善和贫困问题的解决,生产中的效率损失对生态的冲击趋于减轻,生活中的过度消费对生态的冲击越来越大。生态经济学开始关注消费领域和消费行为。

生态经济涉及生态产业、生态恢复、生态保护三个领域，并形成了产业生态经济学、恢复生态经济学和保护生态经济学三个分支。生态经济研究有三个切入点，其一是以生态系统为对象，利用数学方法和生态模型，研究人类活动对生态系统的影响，包括生态系统顺向演替的价值增值和逆向演替的价值损失，由此引申出必须保护、改善生态系统的政策含义。其二是以制度、组织创新入手，规范企业和个人的行为，将企业和个人的自利目标与利他目标统一起来，实现经济与生态协调、人与自然和谐。三是从利益相关者入手，通过利益相关者的学习、协商和合作，形成并落实共同认可的解决生态问题的方案。与此相对应，生态经济研究有三类工作：一是研究工作，为了做好这类工作，必须不断完善生态经济学的科学体系。二是管理工作，为了做好这类工作，必须不断完善事关生态经济的法律、法规和政策体系。三是引导工作，为了做好这类工作，必须不断完善公众参与平台，培育有能力引导公众参与的非营利组织和志愿者，将学者的生态经济学拓展为公众的生态经济学。使生态经济学既是评价政府、企业和他人行为的工具，又是引导公众参与和谐社会建设的行动纲领。

早期的生态经济学家把生态危机归于人类中心主义和人的贪婪品行。论述单一追求经济利益、短期利益和个人利益的危害性，只看到生产活动创造的财富而忽视其造成的破坏的片面性，主张通过抑制增长来达到人与自然的和谐相处。现在的生态经济学家赞同适度增长，研究重点转向探索生产活动更有效、生活方式更合理、生态循环更流畅的经济增长模式，如生态农业模式、生态工业模式和生态服务业模式；转向探索建设和谐社会的方法和途径，从而将宣传的生态经济学拓展为实践的生态经济学。

2.生态系统与经济系统的关系

生态系统的量级基本是恒定的，变化缓慢，结构与功能具有稳定性；经济系统的量级最初很小，变化较快，结构具有递升性。但经济系统不会无限扩张，两个系统会通过相互反馈和相互适应，达到量级对称、关系融合的境地。生态系统的可变性显著小于经济系统，所以应从经济系统作适应性调整入手促进它们的协调。

人类伊始，只是位于生态系统食物链中端的一个物种。人类获得食物所消耗的生物生产量只占生物生产总量的0.1%。经济系统与生态系统相比是微不足道的，人类可以依赖于生态系统。这种状况延续了很长时间。人类的食物来自农地生态系统是人类发展取得巨大进步的标志性事件。这种以摧毁极少量生态系统换取大尺度生态系统休养生息的做法具有合理性。农耕时代经济系统的量级扩张缓慢，农业生产对生态系统的总体影响是有限的。经济系统与生态系统具有相容性。这种状态也持续了很长时间。进入工业时代后，人口爆炸性增长、收入提高和消费提升引发了社会总需求的快速增大，科学技术突飞猛进又为满足这些需求提供了条件。人类不再敬畏自然，热衷于创建人工生态系统。这些缺乏自我循环功能的人工生态系统的运转一方面要投入大量资源和能源，另一方面排放出大量废弃物。经济系统量级的急剧扩张与生态系统的巨大冲击叠加在一起，使经济系统与生态系统的关系由相容转为相斥。生态问题显露出来后，人类开始反省和采取技术与制度创新行动。企业仿照生态系统的自我循环机制，将开放的线型的生产体系改造成为封闭的、环形的生产体系，将生产体系和生活体系融为一个有机整体，并提高经济系统与生态系统的空间对应性，以消除空间对应性弱导致的能耗与物耗。随着参与群体的扩大、采用措施的增强，经济系统与生态系统的关系由相斥转为融合。

以大的时间尺度衡量，经济系统与生态系统的关系表现为漫长的依赖阶段和相容阶段、短暂的相斥阶段和持续的融合阶段。它们由相斥阶段跃迁到融合阶段，是生态理念升华的结果，更是制度创新、技术创新和管理创新共同作用的结果。主要措施是：编好生态规划，保障经济系统与生态系统协调共生；抓好生态监测，确保生态管理措施更具针对性和可操作性；做好生态评价，确保经济系统健康、持续地发展，生态系统健康、有序地演化。

3.生态农业研究

所谓生态农业，是以可再生资源替代不可再生资源，低物级（能级)资源替代高物级(能级)资源,实现经济再生产与生态再生产统一的农业。

生态农业可划分为以家庭需求为导向的传统生态农业和以市场需求为导向的现代生态农业。传统生态农业是传统农业的组成部分,现代生态农业是继起的主导农业类型。它们的共性是:它们与自然都具有和谐、交融的特性,资源配置都具有复合、循环的特性,生产的产品都具有安全(有机、绿色和无公害)的特性。它们的差异是:传统生态农业以经验科学为基础,以效用最大化为目标,具有地方化、多元化等特征;现代生态农业以实验科学为基础,以利润最大化为目标,具有市场化、专业化和品牌化的特征。

生态农业技术的研发源于具有好奇心的科学家(或实业家、农民)的探索,源于政府的推动,具有不确定性。生态农业的发展是企业和农户在市场信号的诱导下追求利润最大化的结果,具有确定性。

生态农业能否成为主导农业,既不取决于现有的主导农业有多少缺陷,也不取决于生态农业有多少优点。而取决于生态农业的竞争力、适用性和可推广性,以及生态农业技术信息传播和推广体系的完善程度。

传统农业生产力低下,是其被现代农业替代的主要原因。发展生态农业决不是简单地向传统农业回归,而是既保持现代农业的市场运作机制,又有效地解决现代农业造成的食品不安全和生态环境恶化问题。

生态农业的利润目标与福利目标具有相容性。其中,经济效益通过它所具有的市场竞争力来实现,生态效益通过它所具有的消减负外部性、增加正外部性的功能来实现。生态农业具有增加社会福利的功能是政府支持生态农业的依据,也是国民关注生态农业发展的依据。

生态农业是以营利为目标兼顾环境效益的生产活动。生态农业技术创新要以"自利"为切入点,产生"利他"的旁侧效应。生态农业技术创新不能满足于一时的成功,生态农业要成为主导农业类型,生态技术必须升级,必须爆发一场生态革命。